心路

高德领　著

中原出版传媒集团
中原传媒股份公司

海燕出版社

图书在版编目（CIP）数据

心路 / 高德领著. — 郑州：海燕出版社，2018.10
ISBN 978-7-5350-7708-0

Ⅰ.①心… Ⅱ.①高… Ⅲ.①社会科学－文集－现代 Ⅳ.①C53

中国版本图书馆CIP数据核字（2018）第224011号

选题策划	黄天奇	责任发行	贾伍民
责任编辑	谢 珂	责任印制	邢宏洲
责任校对	刘学武 李培勇	整体设计	韩 青

出版发行　海燕出版社
　　　　　（郑州市北林路 16 号　邮编：450008）
发行热线　0371-65734522　65727231
经　　销　全国新华书店
印　　刷　河南瑞之光印刷股份有限公司
开　　本　16 开（710 毫米 ×1010 毫米）
印　　张　15.5 印张
字　　数　200 千字
版　　次　2018 年 10 月第 1 版
印　　次　2018 年 10 月第 1 次印刷
定　　价　38.00 元

本书如有印装质量问题，由承印厂负责调换。

总序

喜闻高德领同志的文集《心路》即将付梓，我心欣然。这是他近30年各类文章的整合，更浓缩了他数十年来的人生履历和心路历程。

我和德领称得上故交，这不唯缘于他曾主政过我生活的城市，并在调入周口及省直工作后仍多次邀请我去参观讲学，更在于他朴实厚道的人品、坦诚亲和的作风。与一位官员不仅可以交往，还能交心，彼此之间不设心障，那就说明这是一个真诚的人。这样平等、坦率、融洽的人际关系，放诸当今殊为不易。

我们常说文如其人。读他的文章，犹如与其说话共事，印象是那么诚恳、谦虚、朴实，无论亲情友情的沉淀、四海萍踪的游历、逝水年华的记忆、心灵感悟的点滴，俱是洗尽铅华、情动于中，断无矫揉造作、无病呻吟。阅读这些质朴晓畅的文字，一如与作者促膝而谈，无碍沟通，你会感到那份心灵的赤诚、情感的厚重、思考的深邃，以及与作者身份必然相连的家国情怀。

文章不是无情物。德领是个孝子，他笔下的母亲、父亲、舅爷，共有着纯朴、勤劳、坚韧、博爱、善良的中华民族传统美德，读来无不令人动容。这些人物依托坚实的细节支撑，而放射出灼灼的人格光华。从中，我们不仅看到先辈们在作者心中的人格投影，更是感受到这种美好人格赋予作者的精神给养，如《怀念母亲》中写道："父母就是我的启蒙老师，他们虽然从没有给我讲过大道理，但在潜移默化中教会了我如何做人，而且是做一个好人。"在《父亲的目光》中，父亲那执着、明澈、坦荡、正直的目光，不仅是父爱的象征，更上升为一种精神的导引，让父亲的目光与人民群众希冀的目光对接，鞭策作者勤政为民，努力工作，无愧于农民的儿子、人民的公仆。同样，在记录友情的文章中，焦若愚、许乃同、张榜，都给我们带来了极大的震撼。这样的文字，就像一瓶老酒，没有奢华的包装，但喝起来绵长、有劲。

德领是一个视野宽阔、胸襟广博的人。出于工作关系，他跨洋越海，去过欧美、澳洲、日本以及剑桥、牛津、普林斯顿大学等不少地方。他欣赏异国风光、民俗风情，更注重对文化、政治、经济及社会事业诸方面的思考。他在柏林墙前沉思，产生了加快发展的紧迫感和使命感；在马克思故居前留言："缅怀先辈、继承伟业"，足见赤子之情；对新西兰人幸福指数多年高居世界前列的探源、《赴日考察报告》对日本市场经济的探索和由此而来的借鉴与启示，彰显了作者开放的眼光与包容的胸怀。而在作者留在祖国内地的足迹中，《六上尖山的启示》给我留下了特别深刻的印象。这是一个位于群山深处的贫困山村。作为郏县县委书记，他带领相关部门实地调研、现场办公、制定方案、督促检查，使尖山村发生了巨大的变化，并从中得出"选准突破口、劣势变优势；扶贫又扶志、加压促发展；治穷治根本、舍力抓素质"等三大启示。这篇发表于1998年的短文，虽然跨越了20年，于今仍有借鉴价值。

牢记历史，才能不忘初心。《站在卢沟桥上》不忘国耻的爱国情怀、广阔天地留下的宝贵精神财富、李讷同志访问鹰城时对老一辈革命家的敬仰与缅怀，都是一种精神的传承。而《回忆高楼菜场》《"三夏"变迁》《童年趣事》《村中的皂角树》《难忘红薯》《一次难忘的出行》《民师两年》《又到冬贮白菜时》等文，让我们在回望历史的同时，更欣慰于中国的进步。

路子走对了，国家有希望，人民有福气。

"衙斋卧听萧萧竹，疑是民间疾苦声"，这是 270 年前郑板桥留下的著名诗句。作为长期担任重要领导职务的德领，对人民群众有着深厚的感情。单看一些文章的题目：《一枝一叶总关情》《只有爱人民才能为人民》《永远保持党和人民群众的鱼水深情》《为"官"要有平民心》，就不难体察他"与人民群众同呼吸、共命运、心连心"的爱民情怀。民为邦本，本固邦宁。一个党员干部能够把老百姓放在心上，不玩花架子，不干面子活，用真心，使真劲，扑下身子为群众办实事、办好事，想不当好官都难。收在"心灵感悟"中的文章，扎实而不玄虚、真切而不做作。他将悟出的哲理，通过语言文字向人们展示。还有三篇调研报告，是作者的执政心迹，读者自可品味。

洗尽铅华始见真。这部文集朴实无华，但分量不轻，能补钙，能醒脑，也能怡情，不啻是一份很好的精神保健品。预祝《心路》顺利出版，同时对德领未来的"心路"抱以期待。

是为序。

潘剑放（二月河）
2018年3月26日

贺《心路》出版

人到无欲品自高，唯有才德领风骚。

惯看西风摇霜日，常闻衙斋竹萧萧。

又

人到无欲品自高，恰有才德领风骚。

心路遥在日光边，倒骑青牛竖引箫。

小注：

西风霜月，本是沙场写照，此指官场宦海。常闻句意取郑板桥《潍县署中画竹呈年伯包大丞括／墨竹图题诗》："衙斋卧听萧萧竹，疑是民间疾苦声。些小吾曹州县吏，一枝一叶总关情。"德领兄从政几十春秋，不忘初心使命，不染官场陋习，常以农民儿子的纯朴情感对待治下百姓，关心百姓疾苦，办了许多好事实事，深受群众爱戴。

心路，《心路》也，德领兄自结文集，体裁多样，内容丰富，文笔淳朴，语平情真。

日光，太阳，阳光。心路不管是始自太阳，还是终于太阳，都阳光普照，充满希望和生机。

老子倒骑青牛，函谷西隐，言其已然得道，归隐无牵，顺其自然。退休者当如是也！

戴鹏

2018 年 3 月

目录

∴ 历史记忆 ∴

亲情友情

母亲在瑞雪飘飘中远去

　　母亲乐善好施、热心助人，她的善良在全村是出了名的，人称"大善人"，谁家有事她都肯帮忙，跑前跑后，尽力相助，常拿出并不宽裕的粮食接济乡邻。

　　母亲虽然没有文化，但她用崇高的人格和踏实的作风一直在教育着我们、影响着我们、激励着我们，她给我们留下了宝贵的精神财富。

　　母亲姓马，庚午马年出生，壬午马年欠安，甲午马年脚踏彩云、驾鹤西去。

　　母亲走了，她是与病魔顽强抗争了12个年头后离我们而去的。

　　母亲是一位平凡的女性，1930年农历七月初二出生在湛河区荆山村一个穷苦的蒙古族家庭，兄妹四人中排行老大。因家境贫寒，我姥娘去世又早，使她自幼就养成了吃苦耐劳、勤俭持家的良好习惯和朴素善良、乐于助人的优秀品质。她终生务农、终日操劳，从我记事起，就常常见她天不亮就起床把全家人的饭做好再下地干活，晚上还要在昏暗的灯光下缝补衣服，我半夜醒来总能看到她那忙碌的身影。

　　在20世纪五六十年代三年困难时期，国贫家穷，生产队一天的劳动报酬只有几毛钱。为了多挣工分，母亲起早贪黑参加生产队劳动，经常寒夜里跑十几里路到市内运粪，回到村里天还没亮。为补贴家用，耕作之余还要割野草、捡菜叶养猪卖钱。生活困难时期，母亲精打细算，做每顿饭都要把当时的主食红薯面称一称，生怕吃超了接不上顿。为调节生活，她一晚上擦一百多斤红薯，第二天用淀粉打成凉粉，做成"蛤蟆蝌蚪"（后来才知道叫饸饹），看我们狼吞虎咽吃得津津有味时，她开心地笑了。

母亲孝敬老人，我奶奶得糖尿病多年，后期卧床不起，她端屎端尿，精心伺候，直到送终。她与父亲相濡以沫，共度时艰，一同撑起我们虽不富裕但幸福和谐的大家庭。1992年父亲遭遇车祸住院治疗了半年，她在医院无微不至、悉心照料了6个月。母亲与人为善，与邻里和睦相处，从没有听到她骂过人，也没有见过她跟任何人红过脸、吵过架。母亲对晚辈更是精心呵护、关怀备至，有一年我儿子做阑尾炎手术，她彻夜不眠。我几个妹妹家的小孩也多由她一手带大。在母亲的示范和带动下，我们家形成了尊老爱幼、勤俭持家、善待他人、团结和睦的良好家风。可以说，母亲身上有着中国劳动妇女所有的传统美德，我们为有这样的母亲感到骄傲和自豪。

母亲是一位伟大的母亲，不仅给了我们生命，含辛茹苦养育我们兄妹六人，还身体力行教育我们好好做人。

记得小时候随母亲到邻村拾麦时捡到一个烟袋，她让我在烈日下等候寻找失主，直到归还后才离去，还告诉我说："别人的东西咱不要。"这句朴素的话让我深刻铭记、终身受益。还记得那一年大食堂刚解散，磨面全靠生产队仅有的一头小毛驴，无奈我和母亲只好晚上去推磨，磨杠绳突然断了，我的头碰到磨盘上鲜血直流（至今还留有伤疤），母亲抱着我大哭一场，哭罢还嘱咐我说："孩啊，要是你长大中用啦，一定要想办法让老百姓别再推磨。"1972年初我担任了大队党支部书记，上任伊始，就到驻马店确山县购回电动磨面机，结束了全村磨面靠驴拉人推的历史。母亲脸上露出了欣慰的笑容。

1994 年 10 月陪同母亲游长城

相濡以沫的父母亲

　　过度操劳使母亲多病缠身，年轻时就常常失眠，靠大把大把地吃药才能入睡。过多用药使她脑血管受损，患上了脑梗塞，后来又发展成为老年痴呆，十二年卧床不起，经受了长期的病痛折磨。这些年我常常在她病榻前哭泣，为无法替她老人家分担痛苦而痛心疾首，却又无可奈何，也常常在心里抱怨老天如此不公，为什么要让我母亲这么好的一个人，在她本该颐养天年、尽享天伦的晚年，饱受疾病的折磨。

　　告别母亲遗体的那天，室内哀乐响起，室外瑞雪普降，片刻间大地苍茫。看来，是母亲的善良和儿女的孝心感动了上天，让母亲在瑞雪飘飘中远去。那洁白的雪花一路陪伴着母亲，让我们从心里无比安慰。母亲，走好，我们永远怀念您。

2014年3月7日《中国国门时报》第七版

怀念母亲

今年的母亲节是 5 月 14 日，恰逢"一带一路高峰论坛"在北京举行。几十位国家的元首、政府首脑和几百位国际政要齐聚雁栖湖畔，共商开放合作共赢大计。在母亲节当天感受祖国母亲一天天强大，这让每个中国人都由衷地振奋，我也由此想到了自己的母亲。

这一天，我来到母亲墓前，默默地向她老人家致哀。母亲去世已经三年多了，骨灰一直在家中供奉，直到今年初才选好墓地把骨灰安葬，母亲总算入土为安了。

在她老人家离开我们的日子里，我曾多次在梦中和她相见，每次母亲都会告诉我，她很好，不要惦记她。三年多时间，一千多个日日夜夜，我无时无刻不在怀念我敬爱的母亲。正像法国作家莫泊桑说的那样："人生最美的情景出现在我们怀念母亲的时候，因为每个人都沐浴着母亲给予的爱的阳光。"

从记事起，我每天都能看到母亲忙碌的身影，她从早到晚不知疲倦地操劳，早上天不亮就下地干活，回到家还要做饭、洗衣，操持家务直到很晚。当全家人都已入睡，她还在灯光下缝补衣服。

在那普遍用不上电扇更不知空调为何物的年代，每年夏天，母亲总是早早地买回几把芭蕉扇，供全家人使用。那时农村蚊子特别多，一到

1998 年父母亲和孙子、孙女在一起

晚上嗡嗡地叫，咬得人难以入睡，这时母亲就拿起芭蕉扇，先给奶奶扇，奶奶入睡后，再给我们兄妹扇。当全家人都入睡，母亲才会放下手中的芭蕉扇去休息，此时已是半夜时分。母爱尽在无言的细节中。母亲手中的芭蕉扇不仅扇跑了蚊子，送来了凉风，更如春雨般温润平静，而这绵绵春雨般的滋润，让幼小的我刻骨铭心。

我们家兄妹六个，洗衣服也是一项繁重的工作，然而母亲从不让我们穿脏衣服，再苦再累也要把我们的衣服改得合身、洗得干净，即便是补补丁也要补得整整齐齐。夏天好办，可一到冬天，母亲那双辛苦的手就经常裂着口子。晚上洗完衣服，母亲都要烧上一盆热水，把手放进去泡了又泡，然后把楝树籽捣碎涂在手上，以治疗冻裂的双手。

那时候生活困难，母亲经常去捡菜叶、拾麦子、挖红薯，以保障全家最基本的生活，尽量不让我们挨饿。记得 1961 年的夏天，母亲带我到几十里地外去拾麦，住在一位远房亲戚家。白天我们到地里拾麦穗，晚上回来又捶又搓地进行脱粒装袋，几天下来居然装了满满一袋麦粒，足足有五六十斤重。

我和母亲轮流背着麦子回家，到家后母亲做的第一件事就是把拾来的麦子磨成面，然后做一碗面疙瘩端到奶奶床前。母亲善良、包容，与邻里和睦相处，从没有与任何人发生过口角。尽管自己家里日子也不宽裕，但不管谁家遇到困难，她总是毫不犹豫地伸出援助之手。

有人说："推动世界的手是摇着摇篮的手，一个家庭哪怕家徒四壁，只要有一个正直勤劳、善良乐观的母亲，这样的家庭就是心灵成长的圣殿和源泉。"母亲对孩子的影响，是一股永不间断的力量，会持续于孩子的一生。对此我感同身受。每当我在工作中或是生活上遇到困难，我都会想到母亲，仿佛她老人家在注视着我，用她那充满慈爱的目光鼓励我从容面对。

母子情深

母亲是首诗，写满了善良、勤劳和牵挂。记得我上高中时，有次外出两个月未归，当时因通信不畅，很少给家里联系。当有一天我突然回到家中站在母亲面前时，她大喜过望，深情地说："俺孩儿回来了，今天晚上我能睡着觉了！"儿行千里母担忧，原来我在外的这些日子，母亲常常是彻夜不眠，我真后悔没能早日给她报个平安。

　　英国诗人乔治·赫伯特说过：一个好母亲，抵得上一百个教师。父母就是我的启蒙老师，他们虽然从没有给我讲过大道理，但在潜移默化中教会了我如何做人，而且是做一个好人。因为只有好人才有可能做一个好官，虽然很多好人不一定有机遇做官，但要做一个好官必须首先做一个好人。

2017 年 12 月 12 日《平顶山日报》

父亲的目光

在我的记忆里，最难忘的莫过于父亲的目光。

我的父亲，如同亿万普通中国农民一样，纯朴厚道，善良勤劳。在儿子的眼里，老人家脸上的皱纹虽然深了些，但他执着、明澈、坦荡、正直的目光却永远是那么有神。

父亲的目光，曾给予我无与伦比的震撼力量！

那是 1962 年秋天，我考上了初中。当时，正赶上三年困难时期，国困难，家也贫穷。生产队劳动日值才几毛钱，父母辛辛苦苦干了一年，一家人只能勉强糊口。从我们那一届起，国家又实行了自带粮政策，升入初中不再转户粮关系。开学的日子一天天逼近，父母还在为学费的事儿发愁。虽然只有七块钱，在今天看来也许不够买一包烟，不够吃

祖孙四代，天伦之乐

父亲的目光永远是那么慈祥

一顿饭，甚至不够给小孩子买一件玩具，可当时父亲却为此而发愁。

看家里贫寒的样子，有人曾劝父亲："别让孩子上学了，回家还能帮你干活，挣点工分。"当时，生产队正缺记工员，队长想让我干。饱尝了没文化之苦的父亲坚定地说："就是揭皮当当（指变卖一切），也要供孩子上学！"

也不知父亲是怎么东挪西借凑齐学费的。开学那天，从父亲手里接过钱时，我感觉沉甸甸的，再一次流下了泪。抬头望望父亲，他正用期待的目光看着我，既慈祥又安逸。我哽咽着说："爹，您回吧。"他意味深长地说："去吧，到学校要用功读书。"

多少年过去了，父亲那期待的目光仍历历在目，那深情的嘱托依然铭记在我的心头。现在想来，父亲的期待，小而言之，无非是望子成龙，希望孩子将来有出息；大而言之，也可能想让自己的孩子成为国家的栋梁之才；或者他根本就没有这样那样的想法，只是认为孩子喜欢读书，就要想尽一切办法满足孩子读书的愿望。可在当时，我却把那目光深深地刻在了心头，总感觉这目光是警钟、是鞭策，时刻激励着我不敢有半点懈怠。从初中到高中，后来又读了大学，我一直用功读书，刻苦学习。特别是初中阶段，条件相当艰苦，两元钱的助学金要花上一个月。每天三顿饭不是急着去食堂，而是上茶炉房。从家里带的红薯面或玉米面窝头，用开水冲去发霉的长毛就是一顿饭；用拣来的铁皮罐头盒煮上几块红薯，也算一顿餐。每星期三下晚自习后摸黑回家背馍，第二天天不亮就往学校赶，不耽误上早自习。生活的艰辛自不必言，但学习的积极性却异常高，因为有一股力量正支撑着我。如果哪一次考试低于 90 分，就觉得愧对父亲期待的目光。

这些年，和父亲交流的机会少了，但父亲的目光却时时处处伴随着我。每当我下乡扶贫，看到贫困山区农民企盼的目光，每当我到困难职工、下岗职工家里慰问，看到他们求助的目光，每当我看到失学儿童那渴望的目光……就仿佛又看到父亲的目光。视人民如父母，是我们每个共产党员要牢记的座右铭，只有这样，我们才能从人民群众希冀的目光中感受到肩头的重任。

近年来，我先后救助过宝丰县观音堂乡、郏县茨芭乡等贫困山区的四名失学儿童。每当我收到重返校园的失学儿童给我寄来的信件，看到他们稚嫩的话语，心里就有说不出的激动，我知道，做这点儿事是微不足道的，离父亲的期待还很远很远。父亲的目光、失学儿童的目光以及千百万人民群众的目光，似乎都在注视着我、鞭策着我，唯有勤政为民，努力工作，才不愧为农民的儿子、人民的公仆。

1998 年 1 月 10 日《平顶山日报》第 3 版

我的舅爷

小时候奶奶对我说："舅爷是我们家的救命恩人，没有你舅爷就没有我们全家！"

舅爷姓牛，叫牛遂志，原籍叶县，和我奶奶是同父异母的兄妹，因终生未娶一直在我们家生活。

舅爷能得到我们全家人的尊重，是因他曾拯救过我们全家人的性命。那是在我父亲还很小的时候，一天晚上，一伙土匪到我们家绑票打劫。当时我爷爷已经去世，家中只有奶奶和年幼的姑姑、父亲。土匪在外边撞门，奶奶把门插上后，又把桌凳抬来顶住门。土匪撞不开，就用刀子砍门栓，门栓被砍进一道深深的沟。在眼看门栓就要被砍断的危急关头，住在隔壁的舅爷听到了喊叫声，他找来"老土装"（农村土制猎枪）向土匪射击。土匪挨了一枪，落荒而逃。为此，奶奶常说舅爷是我们全家的救命恩人，可舅爷却从未向我们提起过这件事。

在我的印象中，舅爷木讷寡言，头发、眉毛和胡子已经雪白了，刻满皱纹的脸上常挂着慈祥的微笑。虽然我们全家人都很敬重他、亲近他，但他却很少坐下来与家里人扯闲话，一天到晚总是不知疲倦地干活。浓霜的早晨，一家人还都没有起床，他已经挎上桑条编制的粪筐，提着铁铲出门了，在通往村外的大路上一步步寻找，回来就是满满的一筐粪……

那年夏天，我考取了市里唯一的一所高中，学校离家虽然并不太远，但因要吃住在校，不能像往常那样同舅爷朝夕相处了。开学那天，舅爷拄着拐杖为我送行，虽然仍是沉默无语，但从他的眼神里我深切感到老人家的依恋之情，我的鼻子酸酸的，差一点掉下泪来。

从离开家那会儿起，我的心里总有一种愧疚，总想为舅爷做点什么。假期里和舅爷在一起干活时，我问他："舅爷，您需要什么就对我说一声。""你要是有粮票就给我两斤吧，啥时候进城去好吃饭。"我的眼睛湿润了，因为这是他为数不多的一次菲薄要求。要说还有什么要求的话，就是在他弥留之际嘱我们把他送回原籍安葬。但我们却没有照办，把他葬在了我们村头的坟地里。全家人当时的考虑是舅爷家里已没了亲人，他会很孤单，在这里我们可以随时去祭奠，和他说说话儿。

如今，被砍的门栓还在，仿佛在诉说着旧社会的苦难，父亲也常以此教育我们兄妹。我常想，我真是有幸遇到舅爷这样一位可亲可敬的长辈。他曾以辛勤的汗水养育过我，以纯朴的爱抚慰过我。他只讲付出，不求报答，这种高尚的人格力量，时时激励我在人生道路上不可懈怠，默默奉献。

借此舅爷去世 18 周年之际，以此文寄托我们全家人的怀念和哀思。

1997 年 9 月 27 日《平顶山日报》

初识二月河

　　我到南阳工作以来，与二月河的接触有三次。一次是我到南阳的第四天，听说二月河身体不适，前去看望，当时中央电视台正在黄金时段连续 40 天播放根据他的《雍正皇帝》改编拍摄的电视剧《雍正王朝》；一次是一个月之后，前去看看他的身体康复情况，当时，《雍正王朝》的播放，在社会上引起强烈反响，二月河因此成为众多记者、读者追逐的目标；最近又见过一次。三次接触，三次交谈，印象颇深。

　　二月河，原名凌解放，1945 年出生于中国人都非常熟悉的山西省昔阳县，1947 年随父母南下，扎根生长于南阳，小学、初中的学业是在几个县城的搬迁流动中完成的，1966 年在南阳市读完高中，1968 年在轰轰烈烈的上山下乡运动中，二月河穿上军装，走进军营，成了一名光荣的解放军战士。一晃就是 10 年，三十多岁的他转业回宛，被安排到南阳市（县级市）委宣传部，时任文艺科副科长。起初，二月河以业余研究红学为主，因颇有见地被吸收为全国红学会河南理事。真正从事帝王小说创作，是从 1983 年开始的。主要起因是在一次会议上，听一位知名人士谈起，康熙是一位文治武功、雄才大略的皇帝，但至今没有人写成小说。于是，他下定决心创作帝王小说。之后，他系统阅读、潜心研究《清史资料》《清人笔记》和《故宫档案史料》等大量历史文献。历经 16 年的艰苦创作，完成了康熙、雍正、乾隆三个帝王的鸿篇巨制，共计520万字，即《康熙大帝》四卷160万字，《雍正皇帝》三卷130万字，《乾隆皇帝》五卷230万字，《乾隆皇帝》第五卷已接近尾声。

功夫不负有心人，二月河的作品全面丰收。《康熙大帝》获河南省首届文艺成果奖和河南省优秀图书一等奖，并于4年前被改编为电视剧在中央电视台播出。《乾隆皇帝》荣获第五届茅盾文学提名奖，之后又获得"八五"期间全国优秀长篇小说奖。《乾隆皇帝》每写出一本，出版社就争先购买出版权。由于成就突出，二月河成为中国作家协会会员、一级作家，享受国务院津贴的优秀作家，还是党的十五大代表。

面对诸多荣誉，二月河怎样看待和对待？他并没有陶醉其中。特别是最近在作品《雍正皇帝》及被改编成的电视剧《雍正王朝》在国内外引起轰动，中央电视台《东方之子》还有诸多新闻媒体对他本人及《雍正王朝》进行了大规模的报道之后，大约有1万名电视访问记者和200多名来

1999年在南阳二月河家院内合影

访者来拜访他，他被簇拥在鲜花和赞誉之间，包围在无奈的应酬和接待之中，一下子由"深沉"变成了"浮漂"。他说，他很苦恼，因为他需要静下心来构思和创作，但他也表示能够理解来访者的心情，并坚信自己能够始终保持一颗平常心，继续深入文海，苦海作舟，再扬胜利的风帆。

谈起下步打算，二月河告诉我，他将在"落霞三部曲"杀青之后，转入写太平天国、第二次鸦片战争及英法联军侵略北京诸如此类的历史小说。他说，如果"落霞三部曲"表现的是中华帝国灭亡的前兆，那么到这个时候，就是封建帝国的大变革、大震荡、大崩溃，在这种非常复杂的社会阶段，形形色色、各种各样的人物形象展示在我们面前，给我们带来的是又一种历史的感悟与启迪。

我告诉二月河，一定要保重身体，因为广大读者都在期待着你能写出更多更精彩的作品。二月河告诉我，他曾经说过，他搞文学创作有几个原则：一个是在历史的真实和艺术的真实之间，尽量做到两者的结合，如果发生矛盾，历史事件不符合艺术的真实，他宁可让历史的真实为艺术的真实让步；另一个是写出来的书，要让理论家、大学教授和普通读者都爱看，一旦发生冲突，宁可让理论家、大学教授让步。其实还有一个原则，并且是一个重要原则，那就是对于生命和创作来说，他都珍视，假如发生矛盾，他将义无反顾地选择创作，因为人的生命是有限的，但奉献是无限的，价值是无限的。他说，他要对得起关心、支持、热爱他的广大读者。交谈中，我并没有问起二月河是如何取得成功的，但这"三个原则"不恰恰道出了他成功的奥秘吗？

1999 年 6 月 5 日《平顶山日报》

良师益友二月河

2018 年 3 月下旬的一天，阳光和煦，桃花盛开，在南阳市卧龙区一个幽静的小院里，二月河站在门口迎我多时。一见面，就握住我的手久久不放。这次南阳之行是听说二月河身体不适，特意去看他，并请他为我的新书作序。屈指算来，和二月河的交往已有 20 年，我们的感情就像老酒，愈久愈醇厚。

1998 年 12 月，我奉调入宛，到南阳市委任职。上任的第四天，我就急切地去看望仰慕已久的二月河老师，我是他的忠实读者。当时他因患糖尿病和轻微脑血栓，在石油二机厂医院住院治疗。这是我们第一次见面。这位蜚声海内外文坛的大家，圆头大耳，满脸挂笑，颇有几分像弥勒佛，一口地道的南阳话充满乡土气息。当时中央电视台黄金时段正在播出根据他的《雍正皇帝》改编拍摄的电视连续剧。我说明来意：代表市委前来看望慰问。寒暄过后，他说之所以躲到医院，一是身体透支太多，确有不适需要调养；二是在家电话不断，要求采访者太多，让他应接不暇，他想清净一下，想想今后的创作计划。

初次相见虽是礼节性的，但他给我留下了博学、睿智、朴实、谦和的印象。后来，又去看望他几次。市委领导分工联系专家、拔尖人才时，我主动要求联系二月河，并尽所能帮其营造更好的工作和创作环境。一

2005 年陪同二月河夫妇参观淮阳太昊陵

来二去，我们成了熟人，再后来接触多了，逐渐改变了那种礼貌性质的过从，成了可以深谈事情、问题的朋友。他是写历史小说的，对清史很有研究，我常向他讨教：孝庄是否下嫁多尔衮？有没有苏麻喇姑其人？汉官在清廷里的地位和作用如何？都能得到满意的答复。特别是对雍正是否改诏篡位问题，他有自己独到的见解。他认为，野史上说的雍正改诏将传位十四子改为传位于四子，是站不住脚的。他在故宫档案里曾亲眼看到，清朝诏书是满汉合一，改得了汉字改不了满文，况且原文是传位皇四子……

我和二月河也偶尔小聚，品茗酌饮。他择友甚严，都是很小范围活动。有一次乘着酒兴，他自曝逸闻，说在《康熙大帝》一书出版后，他掩饰不住内心的喜悦对别人说："我终于'成精'了！"在座的我们几个异口同声说："这话一点也不为过，你已经成功了，也确实成为精英了。"但"成精"后的二月河该干什么还干什么，依旧每天最少写一千字的文章，依旧每天画一幅牡丹画（还赠送我两幅至今妥为珍藏），依旧坚持每天步行几里路去看望老父亲，为老人捶背、按摩、洗脚，直到老人去世。

2002 年省文联换届，组织上有意让二月河出任要职，委托我去征求他的意见，如我所料他婉拒了。他说自己就是个卖文为生的文字匠，去坐办公室天天开会应酬实在是适应不了，还说自己也离不开南阳，更放不下手中的笔。他不当厅官，我们就推荐他当全国人大代表。当时，他已是第十五届、十六届全国党代会代表，按那时的规则，除少数领导干部外，党代表和人大代表一般不交叉。考虑到他的威望和身份，就破例推荐他也作为全国人大代表候选人，并高票当选，据说他是中国作家中唯一的双料代表。作为人民的代表，他尽职履责，积极建言献策，反映人民群众的呼声，特别是他多次就反腐发声。他曾说翻遍《二十四史》，没有哪一个时期有我们今天的反腐力度，现在的反腐势头是蛟龙愤怒，鱼鳖惊慌，春雷一击震惊四野。言语犀利经典、震耳欲聋，真乃代表了人民的心声。那时候到省里开会、到北京出差，或外地客人到宛，不少人指名要有二月河亲笔签名的书，他从不推辞，成了名副其实的南阳形象大使。

　　我曾把自己的文章汇成一本集子，取名《淯水心声》，二月河老师亲笔作序，给予鼓励，我深受感动。后来，我调离南阳到周口工作，邀请他到周口讲学。在和众多年轻作家、文学爱好者座谈时，他告诫年轻人要力戒浮躁，不要急于成名，一定要多读书，尤其是历史书，以史为镜，开阔视野，厚积才能薄发。当有人问到为何取笔名二月河时，他解释说，自己原名凌解放，从小随老革命的父母转战黄河岸边，曾在三门峡和洛阳生活过几年，目睹黄河二月冰凌融解，浮冰如万马奔腾，非常壮观。"二月河"不就是"凌解放"嘛！

　　我在会上也给大家介绍了二月河从一个高中生、连队文书，靠着顽强的毅力和坚韧不拔的精神自学成才，完成鸿篇巨制"落霞三部曲"，500多万字全靠手写，前后十多年没睡过安稳觉。白天上班，夜里写到凌晨两三点。夏天为防蚊虫叮咬，将双脚插在水桶里，瞌睡了就用烟头照着手腕去烫，上演了现代版的头悬梁锥刺骨。用他自己的话说，他创作依靠的不是才气，而是自己的力气。

　　在周口期间，我陪同二月河夫妇参观了太昊陵、关帝庙、老子故里太清宫等名胜古迹。每到一处，他都仔细看、认真听，不时地问，随时随地都在如饥似渴地学习。正是凭着渊博的历史知识，他的小说才能把历史和艺术有机结合，做到"大事不虚、小事不拘"。这也是他的著作好评如潮、读起来引人入胜的根本原因。

二月河孜孜不倦地追求事业，从不看重金钱，认为追求金钱太累太麻烦，钱少心里清静。2008年我在省质监局工作时，请他给全省质监系统干部讲课，课时费他坚持不收，并说作为一名党代表，有责任宣讲十七大精神；作为一名文人，应该传承先进文化；作为朋友，是应该做的事情。

转眼二十年过去了，随着时间的推移，我和二月河的友谊愈加深厚，不管我在何地工作、生活，我们的联系从未中断，经常互致问候。从他身上我学到的东西很多很多，他是我的良师益友。

2018年4月17日《平顶山日报》

九九重阳回故里

——焦若愚剪影

正当秋高气爽、风和日丽的时节，我陪同焦若愚同志在故乡度过农历九月初九重阳节。

这天一大早，一辆中巴车迎着旭日来到了叶县宾馆，只见从车上稳步走下一位满头银发、精神矍铄的老人——他就是原中顾委委员、曾任北京市市长的焦若愚同志。大家忙迎上前去，欢迎这位德高望重的革命老人荣归故里。

叶县自古人杰地灵，叶公的故事、昆阳之战等就发生在这里。焦老于 1915 年出生于该县城关乡三里湾村一个富裕家庭。1929 年在家乡读完小学后考入开封初中，1931 年又到北京求学，就读于华北大学。在学校他阅读了大量的进步书籍，秘密地加入中国共产党，并参加了"一二·九"抗日救亡运动。抗日战争期间，他曾被我党委派为宛平县县长，领导京郊人民与日寇浴血奋战。抗战胜利后他又随军出关，转战东北，新中国成立后历任沈阳副市长、市长、市委书记，为我国重工业基地建设呕心沥血。在沈阳工作 15 年后，他又转战外交战线，先后担任我国驻朝鲜、秘鲁、伊朗大使。回国后任八机部部长，1980 年担任北京市市长，党的十二大当选为中顾委委员。从领导岗位上退下来后，他积极参加社会公益活动，还当了一任亚洲最大的"村"——北京亚运村的村长。

焦老这次故乡之行是阔别家乡六十七载后，第二次故地重游。上一次是1984年，那次在郑州参加一个会议，抽空回来一趟，来去匆匆，对故乡的思恋总有意犹未尽的感觉，于12年后，又一次重归故里。不论是与叶县的负责同志相见或是与昔日老友相逢，焦老与他们无拘无束，谈天说地拉家常，乡情、亲情溢于言表。

当见到小学同学胡明善老人时，焦老格外激动，两位老人紧紧地握手拥抱，眼角都挂着晶莹的泪花。虽然分别60多年，他们仍然能叫出对方的名字，并忆及童年往事。在场的人无不为老人的记忆力所折服。回忆起上小学时的老师、校长，特别是他们一起演出过的节目——《麻雀和儿童》的内容，更是历历在目，仿佛就发生在昨天。

半个多世纪的革命生涯，60多年的离家在外，没有割断焦老怀念故土的一片深情，一踏上家乡的热土，他就急于想看看家乡的变化。一天的时间是短暂的，但焦老还是看了县城新区、开发区、盐厂、肉牛分割线、叶公墓等。每到一处他都要千叮咛万嘱咐：叶县有得天独厚的条件，一定要快马加鞭，把农业和农村工作搞上去。并挥毫泼墨："创新兴叶""近悦远来"。

在天河盐厂，他看到现代化的厂房、现代化设备生产的雪白的食盐，深情地说："这是在我们村的土地上建起的厂子，过去这里可是一片荒地呀！"他对陪同的领导说："要大力发展盐化工，注意保护环境。"

在叶公墓，他不仅对叶公沈诸梁兴修水利造福百姓的所作所为大加赞赏，还诚恳地建议当地政府要把叶公墓当成对外开放的窗口。当他看到叶公墓园内石碑上有来自马来西亚、新加坡、中国香港等地的叶公后裔访亲祭祖的记载时，一再说："要与他们多联系，吸引他们来这里投资。"

对家乡的巨变，焦老感慨万千，对所见所闻，他兴致颇高。归期到了，他仍然流连忘返。

焦老虽然已是 81 岁高龄，却红光满面，步履矫健，思路清晰。问及他的健身秘诀，答曰："多活动。"他说，在北京，他每周要打两三次网球，和万里等人是多年的老球友。笔者邀其到平顶山市体育村网球场，他兴致勃勃地挥拍上阵，看其潇洒的动作，娴熟的技巧，绝非一日之功。

1996 年 11 月 3 日《平顶山日报》

平凡的人物　伟大的心灵
——为怀念乃同而作

夏夜入静，蝉声如织。望着面前《透亮的人生》的稿约，我的思绪穿越时空，回到了1993年与乃同第一次见面的时刻：那是市委常委民主生活会前召开的征求意见会。乃同坐在一个不起眼的角落里，言语不多，衣着朴素，是一个普通得不能再普通的人，当时我无论如何也没有想到这是一位大厂的副总工程师、一位地级干部，更没有想到，在他朴素的外表下，竟包蕴着一颗伟大的心灵。

乃同英年早逝，离开我们已经一年有余了。他去世后，市内外的新闻媒体先后报道了他的动人事迹，新华社等国家级新闻单位也专门撰文介绍，在省内外激起了巨大的冲击波。直到现在，深情的鹰城人民仍不时追忆他短暂的一生，用无限的哀思追悼乃同早逝的英灵……

一

幽兰在山谷，本自无人识。

只为馨香浓，求者遍山隅。

这首小诗，正是乃同一生的写照。一位不事张扬的知识分子，又生活在相对偏僻的姚电公司，许乃同在专业领域内仍像一颗耀眼的星，靠的是什么？靠的是他对事业的无限热爱与巨大贡献，靠的是他孜孜以求的创造精神，靠的是不达目的誓不罢休的信念。

1961 年，毕业于沈阳电力学院的许乃同分配到吉林热电厂，12 年后，他又与妻子孙皖被选作技术骨干派到正在建设中的姚电公司。从此，乃同就把整个生命与电力事业融在了一起。

人们曾做了一个粗略的估计，乃同在姚电主持完成的技术革新和改造不下百项，其中重大项目就达 50 多个，由此带来的经济效益数以亿计！

我在市委工作的这些年里，因工作关系，曾多次与姚电公司的领导和同志们接触，同志们谈乃同对专业的精通，说他不仅在本行的汽机专业上很有研究，在阀门研制上也达到了国内领先水平；说他研究的调节阀，性能比进口的还好，节能效益已超过 1000 万元；说他如何永无止境地学习，50 多岁还学会了英语……

"桃李不言，下自成蹊"。乃同凭借着渊博的学识和过硬的技术，赢得了国内外同行的尊重，一遇到电力方面的棘手问题，人们会很自然地想到他。

乃同对自己的技术从不保密。这些年来，他不仅畅游在专业领域的自由王国里，解决了很多棘手的问题，而且还为姚电培养了一批又一批出色的技术工人和科技骨干，成了他们生活上与精神上的导师。乃同去世时，追悼会上这样一副挽联道出了工人和技术人员无尽的哀思：

一旦讣音忽至能不痛乎

频年善训常聆何以报也

既能以精通的专业立改革潮头，又能以慷慨的气度释疑解惑，游刃有余，坦坦荡荡。我想，作为知识分子的乃同，可以无愧矣。

二

记得在一次会议间隙，乃同曾向我介绍过"知识分子"一词在西方的内涵。他说，要成为一位真正的知识分子，不仅需要有比较丰富的知识，而且要有对国家命运与社会发展强烈的责任感，而后者，更是知识分子的"灵魂"。

这些年来，乃同既是姚电公司的副总工程师，又担任着市人大常委会副主任；既在专业领域内一展身手，又身居要职，为民请命，用行动阐释着对"知识分子"一词的深刻理解。

乃同在担任市人大常委会副主任期间，廉洁自律，刚直不阿，体恤下情，表现出了一位领导干部的开阔胸襟与高风亮节。在他身上交织着两条主线：一是始终对群众疾苦、百姓忧乐深切关注；二是始终对不正之风、腐败现象深恶痛绝。社会上流传着一些乃同"罢宴"的故事，据我所知，确有其事。

作为一名领导干部，乃同从不在"车子""房子""票子"等问题上计较，一直过着非常简朴的生活。他到市里开会很少用公车，一直坚持坐公共汽车往返，也绝不参与公款吃喝。还是在那次征求意见会上，他说："上面的领导吃掉一头牛，下面的干部就会吃掉一栋楼……这样上行下效，长此下去，如何了得！如果每个干部都从自己做起，从点滴做起，不就能阻止这种可怕的恶性循环了吗？"

毫不妥协地向世俗宣战，向自我宣战，这种勇气多么可敬可佩啊！

乃同担任市人大常委会副主任期间，仍把办公室设在工厂的车间里，把根深深扎在群众中。因为只有这样，他才能尽快解决生产中的难题，才能倾听到群众真实的呼声。这期间乃同共提出20多条议案，全部被市委采纳。人们常说"投桃报李"，乃同去世时，我亲见近700名姚电人自发赶去为他送行，当哀乐响起，整个殡仪馆顿时淹没在一片恸哭和纷飞泪雨之中……

你热爱人民，人民更热爱你。乃同，作为一位领导干部，作为一位人民公仆，你可以含笑九泉了。

三

乃同是一位英华内敛的人，才美不外见，感情也不外露。但熟悉他的人知道，乃同是一位感情非常丰富的人，是一位好儿子，好丈夫，也是一位好父亲。

据一些媒体报道，乃同来平顶山市后很长时间，每月的工资都是 57 元，但他经常是给家里寄 50 元，自己只留 7 元维持最低的生活开支。为了纪念 20 年前过世的妻子，乃同谢绝了很多好心人的介绍，把妻子用过的手表挂在床头，用自己的后半生怀念早逝的爱妻。我以为，乃同的心因爱家人显其真实，因爱人民显得崇高。

"圣人不利己，忧济在元元"，在许乃同短暂的一生中，从来不谋一己之利，心里想的总是别人。他对别人非常慷慨，一生却自奉寒俭。去年电视台播放许乃同的事迹，看到乃同家徒四壁，衣服鞋袜上尽是补丁，了解到一个地级干部经常吃的竟然是馒头、开水、咸菜，我禁不住非常心酸：乃同的个人生活太需要有人来关心了啊！

然而功业未成，梁栋先摧。姚电公司新一轮创业怎么能少了乃同呢？工人们需要良师，共产党需要诤友，群众更盼望好官，乃同的儿子登月也多么需要父亲呀！

人生如歌，乃同用他短暂的一生谱写了一首悲壮的人生之歌，如诗，如画，如泣，如诉。它华彩纷呈，余音袅袅，永远回荡在鹰城人民的心里。

这是一首平凡的歌，也是一首伟大的歌。

1998 年 7 月 4 日《平顶山日报》

痛悼张榜书记

　　从报纸上惊闻张榜同志去世的噩耗，我即刻动身前往其家中吊唁。面对遗像，我泪流满面，和张榜同志交往的一幕幕往事浮现在眼前……

　　我和张榜同志的友谊要追溯到 1972 年，当时我们二人都在自己所在的村担任党支部书记。大营村在湛河北，属当时的东风人民公社；我们村在湛河南，属当时的东方红人民公社。两村相距不过五里路，虽接触不多，但我姑家和他是一个生产队的，常听我表哥夸他们的书记，说他工作过硬、魄力大、雷厉风行，群众威信高。张榜同志当村党支部书记后带领群众大搞农田水利基本建设，打井、修渠、扩种蔬菜、建立科研站、栽果树、办企业……集体经济收入五年提高了近十倍。把一个过去的"乱村"治理成了远近闻名的先进大队，赢得了老百姓的交口称赞。

　　直到那年参加市第二次党代会，我们分在一个小组讨论，我才有机会第一次和张榜同志近距离接触。当时他担任村党支部书记已有五个年头，而我还是个刚刚担任党支部书记不久、涉世未深的小青年。资历、年龄的差距并未成为我们交流的障碍，当我向其讨教当好村党支部书记的经验时，他哈哈一笑说："咱们就是个农民头儿，既不拿工资又不吃商品粮，是农民养着咱们，只有带领大家好好干，做到党叫干啥咱们就干啥，多为农民办实事！"寥寥数语，朴实无华，对我启发很大。后来，我到区里工作后和张榜同志接触多了，对他的了解也加深了。他是这样说的，也确实是这样做的。

大营大队四个自然村14000多口人，大营街曾是叶县八区政府所在地，平顶山煤矿刚开发时，矿区筹建处和许昌专署平顶山办事处也在这里办公，可以说平顶山的城市形成是从这里开始的。治理这样一个大村，其难度可想而知。在工作中张榜同志既一心为民又顾全大局，妥善处理国家、集体和个人三者关系。

后来，因市区项目建设，我经常和张榜同志打交道，如郊区建洗煤厂、九八七化工厂，市里建体育村，都是征用大营村的土地，每次都很顺利，从没影响过工程进度。按张榜同志的话说："不让领导为难，工作我来做。"看似简单的一句表态，其中凝结了他大量的心血。同时张榜同志又积极争取上级有关部门及周边企业的支持，利用征地款办起了一大批企业，安置全村1700多名劳动力就业。1996年大营村就已经发展到大大小小46家企业，既有第二产业又有第三产业，涉及30多个行业，可生产上百种产品，年创产值上亿元，全村人均收入6000多元，被市政府树为全市乡镇企业的一面旗帜。

建设路刚开通时，因涉及几十户民房拆迁，在大营村拐了个弯。1995年底，我市要承办全国第二届曲艺节，决定要把它修直，这项艰巨的任务又落在了张榜同志身上。时间紧，任务急，他和村干部一家一户做工作，终于在曲艺节前修直了建设路大营段，在全国各地来平顶山市的友人面前展示了平顶山市的良好形象。以前的大营村基础设施落后，街道坑坑洼洼，每逢下雨泥泞难行。为解决群众出行难问题，张榜同志和村两委成员多方筹资一千多万元，把全村十几个居民区的道路全部硬化。过去老百姓做饭用煤用柴，烟熏火燎，1990年村里投资400多万元，接通煤气管道，成为我市首个户户用气做饭的村庄。20世纪90年代，由于地下水严重污染，村民发病率较高，为解决饮水安全问题，村里打了三眼深水井，把自来水通到各家各户,后来为彻底解决问题,又与市自来水公司协商,用上了城市自来水。为改善办学条件,1995年村里投资400多万元建起了花园式的大营学校。接通闭路电视实行城市电网改造,发展民营经济,引进资金建设商贸城……一心为民的张榜同志为老百姓办的好事实事不胜枚举。

时光荏苒,四十多年过去了,其间我的工作几经变动,但我们始终保持着联系,并不时互相走动,友谊愈发深厚。记得2012年,我在省人大工作,张榜同志去郑州复查身体。当时他气色不错,精气神尚足,就是身体较瘦,听力下降。吃饭期间,我给他开玩笑说:"你现在可是个'大官',一是年龄大,近八十岁的耄耋老人还在村里干书记,全省也不多见。二是任职时间长,一干就是近半个世纪,而且是连选连任,从没间断,贡献大,功劳苦劳也大。三是管的村子大,全村14000多口人,包括外来人口3万多人,差不多是一个乡,在边疆是一个县的人口规模。"他仍然是哈哈一笑说:"咱是个党员呗!"张榜同志把毕生的精力都献给了家乡故土,赢得了老百姓的广泛赞誉,荣获了众多荣誉称号:优秀共产党员,先进工作者,劳动模范,农村优秀党支部书记,省、市农民企业家,市、区历届人大代表,连任两届市人大常委……

毛泽东主席曾经说过:一个人做点好事并不难,难的是一辈子做好事。张榜同志干了一辈子村党支部书记(后为党委书记),做了一辈子好事,在群众中享有崇高的威望。这几年的湛河综合治理工程涉及大营村不少拆迁户,已经辞职养病的张榜同志还经常到工地查看,帮助做好群众工作。老百姓说,在大营村不论遇到什么难题,只要张榜同志一到场都能妥善解决。这就说明在农村当干部,不仅要有权,更要有威。只有权没有威,群众信不过。有威望的人即使不是什么干部,说话照样有人听。张榜同志就是一个非常有威信的农村基层干部,我们永远怀念他!

2017年9月26日《平顶山日报》

游记采风

谒马克思故居

今年 5 月 6 日，我怀着无比崇敬的心情拜谒了马克思故居。

在德国西南部距德（国）卢（森堡）边界约 30 千米的莫塞河畔，有一个风光秀丽的边陲小镇——特里尔。这里有古罗马时期的城堡，有建于 13 世纪的石桥，而更吸引世界各地游客的是卡尔·马克思的故居。1818 年 5 月 5 日，一代伟人就诞生在这里。

马克思故居坐落在小镇的布吕肯大街 10 号，是一座典型的巴洛克式建筑。沿街前楼为三层，后楼为两层，前后楼由内走廊相连，中间院子形成了一个约 15 平方米的天井。1904 年这座房子被特里尔的一位社会民主党人确认为卡尔·马克思诞生的房子。当时，特里尔的社会民主党组织多次想买下这座房子，并想把它建成纪念馆。但是，由于党组织力量薄弱，这一愿望始终没有实现。1928 年德国社会民主党用近 10 万帝国马克才从私人手中买下这座房子及其他地产。1930 年至 1931 年，德国社会民主党又花费 10 多万帝国马克把这座长期用作住房和商店的楼房，按照 18 和 19 世纪（后楼建于 19 世纪）建筑形式进行改建；1931 年 5 月 5 日，原计划开放的马克思、恩格斯纪念馆由于经济和政治形势急剧恶化而不得不推迟开放。希特勒上台后，这座房子于 1933 年 5 月初被纳粹占领和没收，直至 1945 年，德国法西斯特里尔地方组织的党部设在这里，并在这里出版它的报纸《国民报》。第二次世界大战结束后，德国社会民主党恢复了对这所房子的所有权。德国社会民主党人和重建特里尔卡尔·马克思故居的"马克思、恩格斯纪念馆国际委员会"一道组织了纪念馆的重建工作。1947年5月5日，马克思故居在一次盛大庆祝活动中被宣布作为纪念馆开放。1968年5月5日，纪念卡尔·马克思150周年诞辰之后，马克思故居在弗里德里希·艾伯特基金会领导下，除仍作为纪念馆外，还建立了图书馆和研究所。到1982年3月，世界各国来这里参观的人数已超过20万。嗣后，故居得到了彻底修缮，1983年3月14日，在纪念卡尔·马克思逝世100周年之际，马克思故居纪念馆重新开放。现在的展览占用了故居的三层楼房，观众可以从各方面进一步了解卡尔·马克思的生平、事迹及其对人类历史的贡献。卡尔·马克思和弗里德里希·恩格斯生平事迹长期展览占的面积最大，它占用了故居第二层和第三层的全部房间，其中第二层第11展室是卡尔·马克思诞生的房间。马克思和恩格斯的生平展览部分就从这里开始，直到第12展室。主要介绍他们的生活经历和他们的伟大友谊。第13展室向观众介绍了马克思和恩格斯广泛从事科学研究活动的概况。第14展室是通向后楼的走廊。

第三层第21展室介绍了马克思的共产主义理论，从《共产党宣言》中对共产主义的首次阐述至1917年的马克思主义，分为民主社会主义和列宁主义两个发展阶段。《共产党宣言》占了展室很大部分，在玻璃柜中可以看到这本著作的第一版、早期译文和重要版本。在墙上的展览板上可阅读到《共产党宣言》的摘要和对它的评述。在第4号展览板上印有《共产党宣言》的全文。第22展室陈列了马克思的主要著作《资本论》。第23展室陈列了马克思许多著作的第一版，马克思和恩格斯署名赠给友人的书籍，马克思和恩格斯照片原版、手稿、书信，马克思赠给父亲诗集中的手抄本和马克思为燕妮收集的一本民歌等。

第一层第02室曾是卡尔·马克思的父亲从事律师职业时的办公室。

1995 年在德国柏林马克思、恩格斯雕像前留影

第 03 室有一眼水井，曾被用作厨房，室内的座椅可供观众进行短暂休息和阅读之用。后院的第 04 室是电视录相放映室，集体参观者可在此观看有关马克思事迹和马克思故居的电视片。第 01 室是接待室，这里出售纪念性明信片、幻灯片、招贴画、马克思原著的影印本和故居纪念馆的出版物。接待我们的是一位 40 多岁的德国女士，当她得知我们是从中国来的参观者时，特地把一份马克思故居纪念馆简介免费赠送给我。参观后，在留言簿上我签上了：缅怀先辈，继承伟业。一个中国共产党党员高德领。

1995 年 6 月 12 日《平顶山日报》

在德国参加宴会有感

1995 年 4 月 24 日至 29 日，我随中国外商投资企业协会组织的经贸代表团参加了 95 柏林进出口博览会，其间有幸两次参加由主办单位举办的招待宴会，感想颇深。

4 月 25 日，博览会举行开幕式，全世界 69 个国家和地区的千余名代表参加，会后设烛光宴会招待参加会议的各国代表团全体成员。宴会采取自助餐形式，从政府要员到每一成员，无一例外地站着吃。饭菜虽算不上丰盛，但花样很多，各取所需，方便实惠。上千人的宴会厅里，烛光闪耀，熙熙攘攘；大家边吃边谈，气氛热烈活跃。第二天晚上，博览会组委会又设宴招待各代表团团长。我国外商投资企业协会朱恩贵秘书长和我应邀出席。主办者独具匠心，把宴会地点设在柏林科技交通博物馆。欢迎仪式非常简短，主持者站着讲，参加者站着听，仪式结束后共进晚餐。晚餐仍然是自助餐，大家在 1943 年生产的火车、1966 年生产的蒸汽机中间边吃边参观。这种融饮食文化与历史文化于一体的做法深受大家称赞。

德国可以算是当今世界最发达、最具经济实力的国家之一，论综合国力也排在前几名，而举办大型国际性经贸活动，宴会却如此简便，绝无铺张浪费，并且干净、实惠。由此联想到，我们的接待办法、宴会形

1995 年在德国波斯坦

式是否也需要改一改呢？看来，自助餐是一种好形式，应大力推行。转
变观念、改革接待办法势在必行。

1995 年新华社《河南内参》第八期

柏林墙前的沉思

　　一到柏林，就急于看柏林墙。4 月 28 日，我们到那里去参观。原来的柏林墙大部分已经被拆除，仅存柏林州政府门前 100 多米长的一段。拆除前的柏林墙全长 164 千米，高 4 米，全部由宽 1.2 米、厚 20 厘米、重达 3 吨的钢筋混凝土预制件连接而成，上面用水泥筒子瓦覆盖。沿东柏林一侧还挖有两米深的壕沟，隔一段还建有岗亭。1961 年原东德政府为阻止东德人逃往西柏林而筑起了这道人工屏障。在已拆除地段遗址上，清楚地写着 1961—1989 的字样，显示着柏林墙存在了 28 年的时间。筑墙之初，德国青年为发泄不满在墙上画上各种各样的漫画，以后逐渐发展成为艺术家施展绘画艺术的场所。现柏林市内保留下来的一段柏林墙上就留有各国画家的艺术作品，一幅戈尔巴乔夫与昂纳克亲吻的漫画颇具讽刺意义。

　　1989 年柏林墙被拆除时，几十万青年登上布兰登堡城门狂欢不已，如今这种热情已不复存在。德国统一后，并没有出现原先期望的那种局面。相反，东德人发现手中的马克没有增加，而汽油、地铁价却涨了 7 倍，房租上涨了 16 倍；原来的福利没有了，生活水平也没有提高，失业率却提高了，随之产生了一种失落、失望的感觉。德国政府重建东德要投入巨额资金，因而税赋增加 25%，西德人感到加重了负担，背上了包袱。因此，可以说虽然拆除了有形的柏林墙，东、西德人又筑起了一道无形的墙。

1995 年在德国柏林墙前留影

　　这一天冷风飕飕，我们的心里也是沉甸甸的，可谓感慨万千。今年是第二次世界大战暨世界反法西斯战争胜利 50 周年。为攻克柏林，几十万苏联红军付出了鲜血和生命。战后 40 多年，西德经济迅速发展，跃居世界前列，而东德最后却被吞并，领导人昂纳克被推上审判台，又流落异国，客死他乡。原因何在？是那位"老大哥"推波助澜的缘故，是德意志民族强烈的统一愿望所致，还是有其他方面的原因呢？人们至今仍在思索着……它至少揭示这样一个事实：经济发展的状况，综合国力的强弱，决定一个国家的国际地位。在当今异常激烈的国际竞争中，改革一切不适应经济基础的上层建筑，大力发展社会生产力，不断提高人民的生活水平是当务之急，是历史必然。站在柏林墙前凝思良久，顿生一种强烈的紧迫感和使命感：中国必须加快改革开放，加快经济发展，加快建设有中国特色的社会主义，唯此才能立于不败之地，永远屹立于世界东方。

1995 年 5 月 29 日《平顶山日报》

荷兰印象记

去年（1995 年）5 月初，我随中国外商投资企业协会经贸代表团出席 95 柏林进出口博览会期间曾顺访荷兰。虽然时间短促，走马观花，但印象颇深。

荷兰人口 1400 万，国土仅有 4.2 万平方千米，而草地就占 34.5%，花卉园地占 3.6%，森林面积占 8.8%，耕地仅占 26%，也就是说全国 47% 的土地都是披翠带绿。乘车旅游，沿途所见是连绵的牧场，牛羊成群。如海的鲜花，茂密的森林，全国就像一个大花园，真是人在车中坐，车在画中行。

荷兰是个世界有名的低地国家，有四分之一的土地海拔不到一米，还有四分之一的国土在海平面以下，最低处仅 -6.7 米。荷兰人深感土地不够用，几百年来一代接一代地努力填海造地，全国有近 1/5 的土地是填出来的。举世闻名的拦海大坝长 32 千米，从 1932 年一直修到 1992 年，用了 60 年才完工。站在大坝上一边是波涛汹涌的大海，一边是碧波荡漾的内湖，不能不感叹荷兰人为增加生存空间而改造大自然的决心和气魄。不外乎荷兰人说："上帝造世界，荷兰人造荷兰。"

由于地少种粮不合算，荷兰就集中发展价值较高的蔬菜和鲜花种植业，全国有共 1.1 亿平方米的温室用于种植蔬菜和鲜花。花卉是支柱产

美丽的荷兰

业之一，有欧洲花园的称号，花卉出口曾一度占国际花卉市场 60% 的份额。荷兰把美丽送到世界各个角落，特别是其国花郁金香更是闻名于世。在北荷兰省有一个鲜花拍卖市场占地 72 万平方米，走在花卉形成的花海里，不由得使人感叹，荷兰的园艺真是把有限土地用在刀刃上的一个成功范例。

然而土地如此珍贵的小国，机场之大，道路之阔却令人吃惊，首都阿姆斯特丹的斯希普霍尔机场面积 250 多万平方米，并且还在扩建。机场年客流量 2350 万人次，货运量 82.5 万吨，荷兰的鲜花每天大都是从这个机场出发运往世界各地的，是欧洲主要的航空港之一。加上世界级大港鹿特丹港和四通八达的高速公路，构成了荷兰发达的立体交通网。

土地的珍贵自然把环境保护提到相当高的位置。其污水处理能力和现代化程度都很高。荷兰人有一种强烈的国土保护意识，尤其体现在对国土的美化上，驱车从阿姆斯特丹到海牙，公路两旁有保存完好的成片森林，导游介绍说这是荷兰风光最美的一片自然林。由于地势低洼，草场每隔一段就挖一条排水沟，草水之间风车点缀，牛羊成群，鲜花遍野，到处是充满诗情画意的田园风光。人们常把荷兰称为"风车之国"。风车原为荷兰人首创，如今虽然仍为荷兰的国家商标，实际运用却不多见，保留下来的也多是供游人参观。

荷兰的农业现代化程度很高，是世界主要农产品出口国之一，是世界上奶酪产量最大的国家和主要蛋乳出口国。荷兰畜牧养殖业很发达，达到人均一头牛、一头猪，奶牛饲养量很大，以黑白花牛为主。

荷兰首都阿姆斯特丹是个港口城市，市区运河纵横交错，有皇帝运河、王子运河等100多条，1000多座桥架在河上交织出美丽的水都风光。乘船可漫游全市，运河上多架吊桥，船只通过时吊桥吊起。阿姆斯特丹城市建筑独具特色，风格各异，几乎是一座活的博物馆。

红墙（或褐红）白窗，屋顶千姿百态，或似吊钟，或似漏斗，或尖或圆，人们说走遍全城很难找到两所完全相同的建筑。有趣的是所有建筑都是门小窗户大，屋顶有个铁钩，搬运大件家具不走门进，而是顺钩从窗户吊进室内。据说，荷兰征建设税是按门的大小计征，因此人们就取此策而减少纳税。

滑铁卢古战场参观散记

今年（1995年）6月18日是著名的滑铁卢战役180周年纪念日。5月3日我们从比利时首都布鲁塞尔驱车南行20千米，来到滑铁卢这座寂静的小镇，一边感受小镇人家的安闲生活，一边想象着180年前的那场殊死拼杀。

出滑铁卢镇南行不远，便来到一片平缓的高地，扼守着向南通往巴黎的大路要冲，构成了小镇的天然屏障。这就是当地人称的圣让山，当年的战役就是从这里打响的。战后，人们在高地上建起一座圆形土丘，据说是比利时妇女从两千米外用背篓背土完成的。土丘周长约1000米，高45米，沿着226级台阶拾阶而上来到土丘顶部，在花岗岩砌成的长方形基座上，雄踞着一尊重28吨的铁雄狮雕像，是用当年废弃在战场上的兵器、战车铸造的。铁狮右前爪抓按一只象征世界的铁球，冷眼傲视前方的法国，神态凛然不可侵犯。这座狮子山如今已成为滑铁卢古战场的标志。

站在狮子山上，耳边仿佛响起战马的嘶叫、炮火的轰鸣，眼前浮现出当年的战争场面：这一天大雨刚过，地面泥泞，阵地上大雾弥漫，法军摆开进攻的架势等待命令。拿破仑对胜利满怀信心，说："打败他们并不比吃一顿早饭更费事。"上午11时许天空放晴，拿破仑下令法军在猛烈的炮火掩护下向盟军左右翼防线猛攻，战斗持续了四个小时，威灵顿指挥下的盟军防线岿然不动。拿破仑又指挥法军转攻盟军正面防线，至17时攻下一个关键性阵地，战局出现转机。正当威灵顿处境危急，拿破仑略胜一筹之际，普鲁士将军布吕歇尔率同盟军援军赶到投入战斗，而法国援军却迟迟不见踪影，战场上力量的对比发生了改变。威灵顿旋即发动全线反击。拿破仑见抗击无望，不得不下令放弃战斗，滑铁卢战役以拿破仑失败而告终。这场战役双方共死伤五六万人，是战争的悲剧，更是拿破仑这位法国大革命时期反封建英雄的悲剧。它最终结束了这个传奇式人物的军事、政治生涯，拿破仑战后再次退位，并被流放到圣赫勒拿岛，直至终老。仅存百日的拿破仑帝国从此覆灭。这场战争史上著名的战役不仅最终决定了拿破仑及其帝国的命运，对整个对欧洲也有着深刻的影响。滑铁卢从此也成了失败的同义词。

1995 年在滑铁卢古战场

滑铁卢镇上有一座白色圆形建筑，是滑铁卢战役纪念馆，里面有一幅滑铁卢战役环形全景图，长110米，高12米，栩栩如生地描绘了当年壮烈的战争场面。在纪念馆对面有一座小型电影院，一年到头只放映一部电影：《滑铁卢战役》。观众可以通过电影了解这场战役的历史背景和双方交战情况。走遍全镇难见胜军之将威灵顿的雕像，但在电影院旁边却有一座，再现的是败军统帅拿破仑的身影。这位法国皇帝头戴三角帽，身着戎装，双臂交叉于胸前，侧立注视着远方，面带一种百思不解的神情。他大概在思考究竟是什么力量将一度擦肩而过的胜利之神驱走？纵观拿破仑一生，他发动政变、夺取政权，实现了中央集权的君主专制，发展了资本主义，保护了资产阶级，是一位当之无愧的资产阶级革命家。他向外扩张，多次打败反法联盟，打大仗、胜仗数十场，一度成为欧洲霸主，却没想到最后一仗兵败滑铁卢。究其原因众说纷纭。是天公不作美？将领不称职？还是兵力太分散？援军没赶到？可能都是又都不是。有人评论说，作为这场战役的法军统帅，拿破仑过于轻敌，没弄清敌方是由英、德、荷、比等国组成的并且制定了详细作战方案的强大盟军，无论是英军统帅威灵顿或是普军统帅布吕歇尔，都是对付法军颇有经验的将领，而且盟军以逸待劳，占据地利优势。同时拿破仑对统率的法军的实际战斗力和将领的临战经验、指挥能力也缺乏准确的认知。这样，既不知己，又没知彼，违背了"知己知彼，百战不殆"的战争规律，这可能才是导致失败的根本原因。

（此文原载新华社《河南内参》1995年第十七期，收录时又做了修改）

六上尖山的启示

　　1989 年 11 月，一纸调令把我调到郏县任县委书记。对于如何当好这 50 万人的"父母官"，特别是如何带领全县人民脱贫致富奔小康，我心中没数。带着这个问题我来到了尖山村。

　　这里地处郏（县）、汝（州）、禹（州）三县（市）交界的群山深处，全村 120 户 581 口人，分散居住在 10 多平方千米的沟沟坡坡里。村民出山，先要翻山越岭走 10 多千米的羊肠小道，因此，人老几辈子没有进过县城，甚至没有出过山的人不在少数。外面早已是电气化了，可这里还有许多人没有看过电影、电视，甚至连电灯也没有见过。据说，有位老汉有幸进了一趟县城，看商店的电灯明晃晃的，觉得很稀奇，就买了一只，到家后用根绳子一拴就挂上了，可就是不会亮，气得破口大骂城里人骗了他。这里人均不足一亩耕地，全是"望天收"，原因是缺水，全村没有一眼水井，人畜吃水要靠下雨存下来的水窖。没有学校，几十年没有出过一个中学生。人均年收入不足百元，虽然年年都是政府的重点救济对象，但缺吃少穿现象仍然相当普遍。近年来，人口一直呈下降趋势，用村里人的话说就是"姑娘大了嫁下山，小伙子大了招下山，剩下光棍困在山"。

　　在尖山发放完救济回来，我心里十分沉重，一个晚上都没有睡好觉。

1990 年在郏县尖山村调研

我觉得，像尖山这样的穷困村子，单靠年年送点钱、给点东西是解决不了根本问题的。摆脱贫困的根本出路是大力发展山区经济，增加农民收入。尖山经济落后，但并非没有发展优势，荒山可以造林、可以放牧，石头可以加工卖钱……然而，发挥这些优势的前提条件，是要解决他们的交通、电力、水源和技术问题，需要动员全社会的力量帮助改善生产条件，为山区经济发展奠定基础。

带着这个想法，春节过后，我和县里几个主要领导带领交通、电力、水利、教育等部门的负责同志再上尖山，实地考察，然后召开现场办公会议，讨论研究制定对口扶贫开发方案。

此后，我又三次登上尖山，督促检查方案的实施情况，要求大家以高度的责任心，通力合作，克服困难，帮助农民群众打好这场扶贫攻坚战。

1993 年 5 月，我离开郏县到市里工作之后，心里仍然放不下那里的扶贫开发工作，一直同村里保持着联系。

1997 年 12 月，我第六次去尖山村时，汽车已经可以直达村头。我看到，这里发生了令人欣慰的变化：7 年攻坚战斗，尖山村人均净收入已达 1100 多元，是 1989 年的 11 倍，有 50 多台电视机和 20 多辆机动三轮车走进农户。路通了，电通了，孩子上学了，还吃上了甘甜的深井水，群众的脸上也有了笑容。

尖山村正向小康迈进，我当然非常高兴。六上尖山扶贫给我不少启示。

启示之一：选准突破口，劣势变优势。有些地方之所以长期贫困，关键是没有找到一条真正能致富的路子。常言说，一方水土养一方人。就是再落后的地方也有自己的优势。尖山村的优势就在山上，几千亩荒山既可以植树造林，发展林果业，又是天然牧场，可以大力发展畜牧业，还有这漫山遍野的石头都是宝。在围绕如何开发上，关键是帮他们厘清思路，选准突破口。针对尖山的实际，县、乡领导帮助村里制订了"长抓树，短抓牧，山上石头变财富"的脱贫计划。按照这个计划，几年来，在老支书冯松和接替冯松任党支部书记的退伍军人冯国堂的带领下，尖山村治理荒山 1200 多亩，栽上了花椒、核桃、柿子等经济林，有的已经挂果，初步见到了效益；全村养牛 200 多头，养羊 600 多只，达到了户均两头牛、人均一只羊，牛和羊成了家家户户的"小银行"。村里建成了一座石灰窑，与县电业局联办了一个石料场，集体有了一定收入，还带动一部分农户搞起了运输。

启示之二：扶贫又扶志，加压促发展。贫困地区经济底子薄，有些事情单靠他们自己的力量是办不到的，这个时候就需要党和政府起到助推器的作用。我曾带领交通、电业、水利、教育等部门的负责同志到尖山村现场办公，对口落实帮扶问题。如何帮扶？这里也有个尺度，帮扶只帮他们自己干不了的，比如修路时的勘察、轧路机轧实路面、打井勘探、人才培训等。他们力所能及的事情，还要动员他们自己去干，像修路挖土石方垫路基、建学校打石块等。在动员社会力量帮助贫困山区群众尽快脱贫致富的过程中，也要帮他们树起艰苦奋斗的精神和艰苦创业的志气，从而使他们认识到：等、靠、要只能解决一时的困难，彻底改变贫困面貌还要靠自己的力量。

启示之三：治穷治根本，舍力抓素质。科学技术是第一生产力，经济发达地区如此，贫困地区更是如此。就尖山村而言，村民大部分是文盲，要想致富谈何容易。对此，我让县有关部门为尖山村培训了一名教师、一名兽医。1992年，培训之后回村当兽医的冯增奇，如今已成为"土专家"，随着尖山村畜牧业的迅猛发展，他也成了最吃香的人。根据该村文化基础薄弱的实际，组织县、乡有关部门在该村推广了病虫害防治、化肥、良种施用等简单技术，使粮食增产，核桃、柿子等果树挂果率提高，农民初步尝到了应用科学技术的甜头。针对尖山留不住教师的问题，采取了从山下招聘教师给予转正的措施。如今，村小学有5名国家教师，比平原学校还多，他们教书育人的积极性很高，不仅培养出了在乡中、县中上学的中学生，而且在送出去的学生中，1997年还破天荒出了一名大学生。这些人对今后尖山村经济的发展将会起到不可估量的作用，因为从冯增奇一个人身上我们已经看到了希望。几年来，我先后自费给尖山村订阅《人民日报》《经济日报》《河南日报》《平顶山日报》等报纸，期望该村的干部、群众开阔视野，在脱贫致富的道路上步子迈得更大些。

1998年3月21日《平顶山日报》

站在卢沟桥上

卢沟桥，这是个既熟悉又陌生的名字。6 月 24 日，当我出差在京第一次面对它的时候，心房止不住剧烈地跳动了起来。

过去，我只是从书本上知道它，知道它是北京地区最古老的石质联拱桥，全长 266.5 米，宽 7.5 米，下边共用 11 个涵孔，支撑着长长的石桥，桥上雕有形态各异的大小石狮 498 个。这座精美的石桥坐落在天安门西南 15 千米宛平城西门外的永定河上，始建于 1189 年，1192 年建成。

我的双脚踏上卢沟桥后，却无心欣赏它的美姿，它是历史的见证人，我急于从它身上搜寻历史的痕迹。虽然石桥在 1986 年已经整修过，但桥板上保留下来的一段沟痕仍在向人们诉说着它遭受过的屈辱。

61 年前，硝烟弥漫，战火纷飞。侵略者的铁蹄践踏着美丽、富饶的华北大平原。1937 年 7 月 7 日夜，日本侵略军借口一个士兵失踪，蛮横无理地要求进城搜查，在遭到中国驻军拒绝后，疯狂地炮击宛平城和卢沟桥。中国驻军第二十九军三十七师（师长冯治安）吉星文团在全国抗日救亡运动的影响下，奋起抵抗，吹响了中华民族奋起抗日的战斗号角，揭开了抗日民族解放战争的伟大序幕。同时，卢沟桥的枪声也震撼着每个华夏子孙，唤醒了中国人的不屈精神。此后，从松花江畔到塞外边疆，从中原大地到珠江两岸，每一个中华儿女，莫不同仇敌忾，共赴国难。

站在卢沟桥上

中国共产党派出自己的优秀儿女深入敌后，屡建奇功；国民党军队则在正面战场与敌人进行了英勇较量。卢沟桥畔的中国官兵发出了"宁为战死鬼，不作亡国奴"的誓言，将满腔的热血化作掌中的利刃，刺向了侵略者的胸膛。他们当中涌现出的佟麟阁、赵登禹、何基沣、吉星文等人，不愧为中华民族的英雄。中华儿女在长达 14 年的抗日战争中，以鲜血和生命谱写了壮丽辉煌的篇章，中华民族避免了沦陷于日本法西斯统治的悲惨命运，由此走上了民族复兴的道路，这不能不说是与卢沟桥开始的坚决抵抗有关。从一定意义上讲，"七七"抗战成为中华民族扭转乾坤的重要转折点，民族凝聚力和爱国主义精神在此时得到空前升华。

沧桑巨变，转眼 60 多年过去了。抗日战争的烽火，早已熄灭。如今在中国的大地上，处处是和平、幸福和安宁。中国和日本已从浴血厮杀的敌人，到现在的国家之间的关系有所缓和。

眼前这座古老的石桥，经历了历史波涛的冲刷，战争的血迹和烟尘早已被岁月的泥沙掩盖、冲淡。当年那些创造历史的人们，有的也已离开人世。然而，有一样东西是不会沉没的，那就是历史，因为它是活在我们心里的。

　　站在卢沟桥上，我思绪万千，感慨颇多。今年是"七七"事变61周年，同在今年7月又是香港回归一周年。在历史上，中国曾有过辉煌的一页。但是，自鸦片战争以后，统治者妥协退让，丧权辱国，才有了割让香港、日本入侵这样的屈辱史。宛平城墙上的弹痕、永定河畔的枪声与香港会展中心冉冉升起的五星红旗构成极大的反差，事实告诉我们：落后就要挨打，自强才能自立。发展才是硬道理，强大才会没人欺。中华民族要自立于世界民族之林，就必须奋发图强，全面提高政治、经济、科技、军事、文化等方面的综合国力。经济和科技是国防的基础，没有发达的经济和科技，就不会有强大的国防，就难保国家的独立与安宁，这一用鲜血和生命换来的历史教训，我们当永志不忘。

1998 年 7 月 8 日《平顶山日报》

阿克苏纪行

7月2日到4日，我们南阳市党政代表团前往位于新疆天山南麓、塔里木盆地北缘、"古丝绸之路"上的重要驿站——阿克苏，进行了为期三天的考察访问。

阿克苏地区辖8县1市、83个乡镇及兵团农一师所属的16个团场，总人口198万，是一个以维吾尔族为主体的多民族聚居区。这里，历史悠久，文化灿烂。浩瀚的塔克拉玛干大沙漠、奇异的天山风光、辽阔的天然牧场、西域二十六国中的"龟兹古国"遗址、西晋时期的拜城克孜尔石窟及库车库木吐拉石窟等，共同构成阿克苏优美独特的自然风光和颇具民族特色的人文景观。

1997年11月，阿克苏地区与我市结为友好地市。近两年来，双方本着取长补短、互相学习的原则，坦诚合作，往来频繁，友好关系不断发展。据不完全统计，我市内乡县在阿克苏地区进行的水利土地开发项目，已完成投资200万元，开发熟地3000亩；今年4月份，社旗县又与温苏县结为友好县，并达成了红薯"三粉"、赊店老酒销售等合作意向；南阳利德纺织品有限公司与阿克苏银花棉纺织厂签订了10年承包租赁合同，达成每年联销3万吨棉花的协议和承包1.7万亩土地的意向。近几年，我市按照上级的统一安排部署，分两批派出7名优秀干部奔赴阿克苏地区工作。我们这次组团西行，主要是对阿克苏地区结为友好地市之后的第一次正式回访，进一步探讨相互协作发展规划，加速推进双方经贸、技术、人才等方面的合作与交流。同时，向阿克苏地区捐赠价值40万元的药品，向柯坪县捐助30万元兴建一座希望小学。

来到阿克苏，给我们留下最深印象的是阿克苏人民勤劳、勇敢、战天斗地的创业精神。阿克苏地区气候干燥，降水稀少（年降水量仅几十毫米），到处是戈壁，到处是荒漠。"大漠孤烟、长河落日"，是这里萧条与闭塞的真实写照。但不甘落后的阿克苏人民凭借自己的勤劳双手和聪明智慧，开垦荒地，植树造林，兴修水利，拦截天山融化的雪水，大力发展灌溉农业，把曾经是不毛之地的大漠戈壁改造成生机盎然的良田绿洲。经过阿克苏人民艰苦卓绝的奋斗，如今的阿克苏地区，是我国西部一个典型的以农为主、以牧为辅的农业区，日益成为全国重要的棉花生产基地和自治区重要的粮食、畜产品生产基地。其中，棉花单产、总产列新疆之首，粮食总产列新疆第三，优质水稻列新疆第一。这里还是卡拉库尔绒山羊改良、生产基地。在大力发展粮棉生产的同时，阿克苏人民充分利用无霜期长、光照充足、昼夜温差大等特有的自然条件，大力发展葡萄、苹果、杏等名优水果特产。

阿克苏是我国西部边陲陆地上联结西亚、东欧等国的重要交通枢纽。这里，市政建设日新月异、蒸蒸日上，铁路、公路、航空从无到有，四通八达。特别是经过坚持不懈的努力，阿克苏市已经跨入全国卫生城市行列。在阿克苏，不管是维吾尔族人，还是汉族人，大家都像呵护自己的眼睛一样，百倍爱惜阿克苏这个多民族共同的家园。驱车市区，放眼望去，路网交通井然有序。漫步街头，亲身感受，广大市民举止文明、待人热情，条条街道宽阔洁净，几乎看不到任何垃圾。不经意间你会惊奇地发现，市区马路是用拖把拖干净的。晨曦中或夕阳下，清洁工人们弯着脊背、躬着身躯，一上一下地用自己的心血和汗水清洗着这一大漠深处的现代化新城，这成了阿克苏一道亮丽的风景线。

阿克苏能有今天这个崭新的面貌，离不开新疆建设兵团的付出与贡献。20 世纪 50 年代初，中国人民解放军响应毛泽东同志"屯垦戍边"的号召，浩浩荡荡开进新疆，组成新疆建设兵团。驻扎在阿克苏地区的是兵团农一师。兵团农一师的全体官兵在地区党委和师党委的共同领导下，同阿克苏人民一道，扎根边陲，垦荒屯田。40 多年来，他们一边驻守边防，一边从事农业生产，数十万兵团战士在这里度过了青春年华，把汗水甚至鲜血洒在这块热土上。7 月 2 日上午，我们来到兵团，看到这里发生的翻天覆地的变化，听着兵团首长详尽的介绍，同行人员无不对那些默默无闻、甘于奉献的兵团战士肃然起敬，建设兵团在阿克苏人民心中树起了一座永恒的丰碑。

在党的英明领导和关怀支持下，阿克苏发生的变化是巨大的，但由于底子薄，条件差，目前全区仍有不少地方没有脱贫。我市这次捐助 30 万元兴建的齐浪乡南阳希望小学所在的柯坪县就是国家级贫困县。治穷先治愚，育才人为本。我们此举的根本目的就是希望柯坪县人民提高素质，早日脱贫，尽快过上幸福生活。希望小学落成揭牌那天，十里八乡的群众赶来况贺。校园内，锣鼓喧天，鞭炮齐鸣，欢声笑语不绝于耳，场面非常热烈。看到那些满脸稚气、从眼神里透出对知识渴求的小同学们，从此能在宽敞明亮的南阳希望小学安心就读潜心求学时，我看到了柯坪县脱贫的希望，看到阿克苏振兴的希望。

在阿克苏期间，我们专程看望了我市赴阿克苏地区的 7 名援疆干部，这是此行的主要任务之一。我们看到，他们的工作、学习、生活等各方面都得到了阿克苏地区人民的悉心照顾。正像阿苏克地区行署专员买买提明·牙生对我们所讲的："援疆干部是你们的干部，也是我们的干部，是你们的亲人，也是我们的亲人。我们一定会为他们施展才华、造福群众创造一个良好的工作、学习、生活环境，我们也坚信南阳市援疆干部在边疆一定会充分发挥聪明才智，建功立业。"我们把全市人民以及家人的亲切问候和殷切希望带给了他们，祝他们工作好、学习好、身体好。他们也请全市人民和家人放心，要尽最大努力为阿克苏地区的民族团结、经济发展和社会进步做出应有的贡献。相信他们一定能够出色完成任务，载誉凯旋。

自阿克苏归来，我总是难以忘却这短暂的三天之行，始终挥之不去的是阿克苏人民那种强烈的民族上进心，被他们那种不怕困难、艰苦奋斗，在困境中繁衍生息、开拓进取的精神所震撼。他们能在戈壁滩上开发出片片绿洲，能在大漠深处崛起一座新城，能把公路、铁路延伸向不毛之地，这种自力更生、自强不息的干劲、韧劲和拼劲，非常值得我们学习和借鉴。

1999 年 9 月 17 日《南阳日报》

走马观花看巴西

应巴西利亚大学农学院的邀请，今年 9 月中下旬，我们对巴西的烟叶生产情况进行了考察。短短的十几天，除考察烟叶生产外，我们对巴西的社会、政治、经济情况也进行了粗略的了解，所见所闻，颇有感触。它优越的地理位置、丰富的自然资源、全民普及的足球运动都给我们留下了深刻的印象。

"上帝"的恩赐

从北京乘飞机飞行 11 个小时到达巴黎，从巴黎转机再飞行 11 个小时，才到达巴西海滨城市里约热内卢。路途的劳累，出关时的等待，使我们无心欣赏身边的风光。待休息过来，倒过时差后，才开始观察巴西，发现这个遥远而陌生的国家原来是这样的美丽。

巴西是南美洲最大的国家，面积为 851 万平方千米，几乎占了南美洲的一半（占 47%），仅次于俄罗斯、加拿大、中国和美国，是世界第五大国。巴西的自然资源非常丰富，森林资源占世界的十分之一（有人称巴西是地球的"肺"），著名的巴西红木享誉世界，巴西官方语言葡萄牙语中"巴西"即"红木"的意思，巴西的国名也因此而得来。巴西已探明的铁矿蕴藏量约有 480 亿吨，足以满足今后几百年全世界对铁的需求。世界上

在巴西南部小镇

近90%的宝石产在巴西，其中有钻石、海蓝宝石、黄玉、电气石和祖母绿等。水资源十分丰富，亚马孙河是世界第二大河，仅巴西北部地区的水量就占世界全部淡水量的五分之一。丰富的水利资源使其水力发电潜力居世界之首。我们参观的伊泰普电站是世界上最大的水力发电站，它建在巴西与巴拉圭交界的巴拉那河上，由巴西与巴拉圭两国政府共同建设，1975年开始动工，1991年竣工。装机18台70万千瓦发电机组，发电能力为1260万千瓦，由巴西、巴拉圭两国共同管理，建在巴西境内的9台机组由巴拉圭人管理，而建在巴拉圭境内的机组则由巴西人管理。由于气候适宜，雨量充足，土地广阔肥沃，巴西的农业十分发达。巴西是世界上最大的咖啡和蔗糖生产国，可可生产居世界第二，烟草生产居世界第四，棉花生产居世界第六，牛肉生产居世界第四，牛肉出口量居世界第五。

巴西可谓地大物博，且基本上没有自然灾害，没有发生过火山喷发、地震、海啸，甚至连旱涝灾害也很少，难怪巴西人说：上帝就是巴西人。

在巴西考察，感受比较深的还是它的社会制度。高楼大厦与贫民窟形成了极大的反差，汽车、别墅、百万富翁与露宿、乞讨、一贫如洗形成了鲜明的对照。巴西的土地至今实行私有制，大部分土地集中在少数人手里，无地可种、租种别人土地的大有人在。

巴西实行总统制，国家机构由三个独立的部分组成：执法机构、立法机构和司法机构。全国的立法机构为全国议会，由众议院、参议院组成。各州及联邦区在众议院所占的议员名额按人口比例确定，议员任期4年，由选民直选产生；每个州及联邦区选3名参议员，任期8年，每4年交错改选其中的1/3或2/3。众议员和参议员可以连任。我们去时正赶上议员改选，各大小城市街头，甚至田间地头，都是竞选者的宣传画。上面印有竞选者的头像、编号及电话号码，街头、路旁有不少竞选者的宣传队伍，或打着旗，或举着横幅，或举着头像，摇旗呐喊地在争取选民，也有的开着汽车打着旗帜在街上浩浩荡荡地游行以争取选民。我们问选民持什么态度，回答是：谁给好处就选谁。

巴西原来的首都在里约热内卢，这是一个富丽堂皇的城市。它的一侧是宽广的海湾和熠熠生辉的海滩；另一侧是拔地而起的山脉，覆盖着翠绿的热带森林。这种独特的风景使之成为世界上最美的城市之一，无愧于"美妙之都"的雅称。

自18世纪后期，巴西当局就酝酿将首都从里约热内卢迁往内地，一方面是避免来自海上的攻击，另一方面也带动内地的开发，直到1956年新首都才开始勘察并建设，这就是现在的首都——巴西利亚。它建在距里约热内卢1200千米的高原上，占地面积5814平方千米，1960年4月21日正式落成，现有人口180万。巴西利亚城的设计非常新颖别致。全市呈飞机形状，"机头"是三权广场，巴西的政治中心议会大厦、总统府、最高法院等就建于此，后面是十几个部委；"机翼"是商业区及建筑群；其他地方是草地，绿地面积占 20%。整个城市空旷洁净，仅一个国家公园占地就有 4500 多公顷，很多建筑包括大使馆等都建在广阔的原野上，置身其间感觉不到是在拥杂的城市，倒像是在静谧的野外。巴西利亚的大小街道都很宽畅，中间是近百米的绿地和花带，街道名字全按编号，找起来十分方便。

足球王国

说巴西，必说足球。足球是巴西的国球，巴西人创造了世界足球史上一次又一次辉煌，巴西国家足球队是世界上第一个连续三届获得世界杯赛冠军的足球队，每有巴西参加的国际大型比赛，全国放假观看电视直播。在巴西，足球运动相当普及，无论是海滩、公园、学校，还是山区小镇，足球场到处可见。我们参观的马拉卡纳足球场建于 1950 年，可容纳 20 万观众，是世界上最大的足球场，现在看来也不落后。除此之外，巴西还有 5 个大型足球场，每个都能容纳 10 万人。巴西人酷爱足球，踢足球的人从小孩到成人比比皆是。巴西人崇拜和拥戴自己的球星，每一个巴西人都知道，巴西的贝利是有史以来最伟大的足球运动员，在 18 年的足球生涯中，他踢进过 1200 个球，他们一直都把贝利这一世界足球先生视为心中的民族英雄。我们问一些市民："在巴西，你们怎样看待足球？"他们说："足球是我们的生命，足球是我们的自豪和骄傲。"

2000 年 11 月 2 日《南阳日报》

赴日考察报告

今年上半年，我在国家行政学院第八期进修班学习期间，于 5 月 12 日至 25 日，参加了国家行政学院与日本富士通株式会社联合在日本举办的第五次市场经济研讨会，并对日本的市场经济和富士通的经营管理情况进行了粗略考察。时间虽短，但内容丰富，收获不小。

一、日本市场经济的特点

日本经济从 1950 年后半年开始进入年增长率平均 10% 以上的高速增长时代，1970 年以后维持年平均 5.1% 以上的增长，但进入 1990 年以后，平均实质经济增长率跌至 1%。如何认识或评价日本的市场经济模式？仅靠两周的研讨学习，不可能有全面评价与深刻认识。但从身临其境的感受和初步考察中，我认为日本市场经济模式主要有四个特点：

1. 典型的政府导向型市场经济模式

现代的市场经济模式，由于政府与市场对社会资源配置的作用程度和方式不同，分为政府导向型市场经济和市场主导型市场经济。日本的市场经济从所有制的角度看，属于资本主义体系的市场经济。从市场与政府的关系看，属于政府导向型市场经济。

第一，政府运用有效的产业政策，把社会资源诱导到政府调控的领域合理配置。日本在 20 世纪 50 年代重点发展以纤维为主的轻工业，20 世纪 60 年代重点发展钢铁和化学工业，20 世纪 80 年代转向重点发展电器机械和汽车业，20 世纪 90 年代发展电子机械和信息产业，每一次产业的转换选择，都是靠政府产业政策诱导推进的。办法是：（1）将产业政策与技术创新政策结合起来进行，实行赶超性的产业政策。以技术为先导来推动产业的发展，加大科技投资，大力引进外国技术，掀起"引进技术"热和"科学技术"热，两"热"并行，互相促进，确保产业发展在国际技术水准上进行。（2）注重产业政策的系统性和配套性。对一定时期需要重点发展的产业，政府采取提供低利率、财政补助、鼓励出口或进口的金融、财政政策等手段进行调控，追求规模经济，鼓励企业间的合并、联合，使有限的社会资源尽量配置到重点发展的产业上来。

第二，政府通过与企业间建立特定的关系，确保企业投资和管理符合政府产业调控的方向。日本政府与企业关系是战后特定历史条件下，根据日本市场经济发展的需要，并依照收益与成本比较方法形成的一种有利于日本经济成长的相互了解、相互依赖的关系，也是一种约定俗成的指导和保护的关系。这种关系是日本政府和企业在进行自由选择时，依据其所处的政治与经济条件做出的最好选择，对于日本当时社会资源的有效配置，是一种收益大于成本的选择。同时，由于政府对社会资源的配置拥有较大的权力，企业为了从政府控制的资源配置中获得更多利益，不仅要关注市场信息，也要关注政府的产业政策调控信息，以期获得较多的好处。此外，在日本实行所谓的"神仙下凡"制度，即为解决到一定年限需要提升的官员没有空缺职位的矛盾，采取了从政府派官员到企业任职的制度。这种制度从人际关系上加强了政府与企业的联系，带有一定的同盟性质。

第三，政府运用计划和财政政策对社会资源进行直接配置。一个表现是：针对 20 世纪 80 年代末经济不景气的状况，通过发行国债刺激经

2002 年在日本富士通学习

济增长。另一个表现是：从 20 世纪 50 年代开始每 10 年制订一次"国土开发综合计划"。尽管这种投资主要是基础设施的投资，但对整个社会资源的配置具有一定的引导带动作用。从实际情况看，这种政府直接配置资源的做法，弊大于利。长期实行的财政政策形成的巨额财政赤字，严重影响了日本经济的持续发展。这些计划大部分未达到预期的目的。

2. 对国际市场高度依赖的外向型市场经济

日本的市场经济对国际市场高度依赖，一开始就表现出一定的开放性。其原因主要有三：（1）国内资源匮乏。战后日本大规模地发展制造业，需要大量进口原料和能源，对外的依赖程度高达 87%。（2）对国际市场具有高度依赖性。为了解决需求大量外汇和实现进出口平衡问题，在增加进口的同时须加大出口。（3）战后靠引进完成技术和资本的积累，支撑日本经济发展。这也是日本市场经济与欧美市场经济的不同之处。

美国重视基础科学、新科技的研究与开发，通过创新技术，然后运用到生产，技术和资本是在自身经济系统内积累完成的。而日本经济高速发展过程中更注重的是通过购买、引进技术以后再针对生产过程进行消化、改进。所以，对技术的大量引进便成为日本经济高速发展期的一大特征。

3. 宗法依附关系与市场竞争关系相互作用的市场经济

从总体上看，日本的企业制度是由封建社会遗留下来的宗法依附关系与市场竞争关系相互作用的结果。在市场经济中发展起来的日本企业制度，具有现代西方企业制度的一些特征。现代日本的企业大都是股份制企业，日本存在有庞大的证券市场，企业对市场负责，企业的经营活动也都遵循市场竞争的规律。

构成日本企业制度主要内容的另一种关系，即自上而下具有浓厚宗法色彩的依附关系。这种宗法依附关系，分几个层次存在。除前面说的政府与企业的指导、保护关系和"神仙下凡"制度对企业进行渗透外，还存在行业关系与企业之间的"序列关系"。行业关系主要是通过行业协会和财界组织来实现。行业协会没有政府背景，重点协调行业内事宜，制定行业标准，代表行业与政府交涉。财界的具体组织形式有经济团体联合会、经济同友会、日经联和日本工商会议等。财界组织代表企业界就重大经济问题发表意见、与政府交涉或提供政治捐款。"序列关系"主要表现为：（1）隶属于企业集团（财团）的"序列关系"。在日本不同的财团是在历史上属于同一财阀延续下来的。每个财团以银行和商社为中心形成松散的联系。同一集团之间在商业上相互照顾。（2）主银行关系。金融业务都由一家银行承担，向企业派遣银行干部、企业经营出现问题时银行出手救济。（3）大企业和小企业之间的"专属配套关系"。中小企业依附某一大企业专门为其提供产品配套、大企业保证中小企业的经营业务、派遣干部、提供技术并要求其降低成本。

任何一个日本企业都面临着竞争关系和依附关系的约束。按照西方的古典经济学观点，这种宗法依附关系不利于市场经济发展，但是正是这种依附关系在现实日本市场经济中却成了日本企业精神形成的根源。在市场竞争压力和日本特定的文化背景下，这种依附关系变成了员工对企业、小企业对大企业、大企业对银行、企业对政府的服从和忠诚的关系。员工对企业的服从和忠诚在企业内部又变成了高度的敬业精神和相互配合的团队精神。企业对政府的服从，减少调控信息的摩擦。小企业对大企业的服从、企业对财团的服从，使在高度分工为基础上的现代生产体系以最少摩擦方式形成。与欧美的大企业相比，日本的企业集团形成时期短，摩擦成本要小。

4. 依靠科技进步与技术创新推动发展的市场经济

纵观日本经济的发展历程，他们始终把科技进步与技术创新作为经济发展的原动力。总的说，日本的科技进步促进经济发展的步骤大致分为三个阶段。

第一阶段：1868 年明治维新至 1945 年二战结束。特点是：以西欧化为目标，全面学习并移植西方近代科学技术体系，建立本国的科技体制，把学习西方科技与保存民族优秀传统结合起来。

第二阶段：20 世纪 50 年代至 70 年代。特点是：以赶超欧美为目标，以"振兴科技"为口号，从"个别改良"到"综合改良"，直至"产品与技术国产化"，从而使日本迅速发展成为经济大国。

第三阶段：20 世纪 80 年代至今。特点是：以"技术强国"为目标，以"技术立国"为口号，开创日本科学技术创新的新时期。1986 年 3 月日本内阁会议做出了"科学技术政策大纲"的决议。同时，充分注意科学技术与人类社会的协调发展，以及科学研究的国际性。以此方针为指导，制定了科技政策的 3 个重点：一是加强研究开发体制，使官、产、学的研究机制一体化；二是创造和加强有利于创造性科研活动的条件；三是推进 16 个重要领域的研究开发活动，其中物质资料和信息电子更被

在日本富士山下

突出为重点。这对于巩固日本的第二经济大国地位具有深远的影响，并为日本再创奇迹奠定了基础。

进入 20 世纪 90 年代以来，日本经济总体增长乏力，发展缓慢，但日本从未放松对科技的重视与投入。1996 年，日本科学技术会议通过了《科学技术基本计划》，科技厅把 1996 年确定为"基本计划实施元年"；同年 12 月的《经济结构改革与创新计划》中"科学技术创新立国"成为面向 21 世纪日本发展的战略性关键课题。

二、日本经济发展的前景与方向

1. 日本经济走出不景气的道路艰难而曲折。10 年来，由于结构与制度的原因，日本经济大部分时间都在衰退，暴露出许多结构性问题，政府多次丧失调整的时机，致使日本经济一直受通货紧缩的困扰。解决这些问题有许多困难，需要较长的时间。

2．对政府导向型经济模式的弊病正在进行改革。（1）在金融体制方面推进更加自由化、更加有选择的金融体系，实现定期存款和流动性利率、股票买卖委托手续费的自由化，允许银行、保险、证券等业务的自由化。（2）在企业关系上，开始进行打破束缚企业之间竞争的序列关系；在企业内部，对终身雇佣制进行改革，鼓励人员流动、竞争，促使劳动力市场发展。（3）在对外开放上，鼓励外资进入日本、收购日本的企业和不良资产。这些改革都是围绕使市场机制更加具有竞争性和开放性进行的。

3．正面向全球，把实现日本企业的再造作为企业努力的目标。富士通株式会社目前实行的面向全球性经营战略，代表了目前日本跨国公司改革的方向。富士通作为一个从事电子通信的跨国公司，将企业所有的活动都聚集在因特网这一主题，对业务内容进行重组，因特网代表的新社会必须有最先进的平台、技术及最适合的解决方案来支持。富士通将加强这项核心事业的推进力度，使富士通的品牌成为全球性的品牌。

4．把"e-Japan"作为 21 世纪经济发展的战略。围绕"建立网上日本"战略，制定了三个战略目标：（1）实现全体国民都得到 IT 利益的社会；（2）建立在自由竞争原理之上的有效率的经济结构；（3）实现网络时代的国际贡献。

三、借鉴与启示

1．政府调控应建立在依法调控的基础上。虽然日本是一个政府导向型的市场经济国家，但日本政府对经济的调控和管理也是法治程度较高的，日本产业政策的实施、社会保障制度的建立，都有一整套严密的法律依据，推行起来比较顺利，财团、企业、国民容易接受。在战后不断出台的产业扶植政策，都是以制定的法律为依据。如在扶植纤维产业时，有《个别产业振兴法》；在 20 世纪 60 年代发展汽车、机械电子产业时，制定了《国用车扶植纲要》《振兴机械工业临时法》《振兴电子工业临时措施法》

等。所以，在依法治国、依法对经济进行调控方面值得我们学习。

2.科技兴国战略应始终贯穿于经济发展之中。把技术创新与产业政策、技术进步与进口政策紧密联系的做法值得我们学习。这对于加快和实现我国"科技兴国"战略及确立新世纪经济大国地位具有重要的借鉴意义。

3.组建面向国际市场的大企业集团参与国际竞争的做法值得我们学习与借鉴。日本通过企业序列关系组建起来的企业集团，虽然抑制了企业之间的竞争，但却减少了组建集团的摩擦成本。此外，以国际市场为导向的产品开发战略，提升了企业集团竞争的国际水平。我们要借鉴日本的经验，在发展制造业上，根据竞争优势组建企业集团。

4.日本企业的敬业精神和团队精神值得我们倡导。目前，我们要大力倡导企业文化，加强企业职工队伍建设，提高企业的凝聚力，注重职工素质教育，使其发扬主人翁精神，树立厂荣我荣、爱岗敬业及"一盘棋"观念，以此促进企业的健康发展。

5.环保观念和为环保进行的技术和工艺流程创新值得我们学习。特别是听了关于富士通开展环境保护事业的讲座后，我们感到中国环保与日本环保的巨大差距。在这方面需要向日本学习和引进的东西很多。

6.要继续深化经济体制改革。日本现有的经济模式曾创造过经济增长的奇迹，但面对世界高新技术产业的发展，这种模式就面临着一个改革的问题。目前我国的经济也面临同样的问题。改革开放以来，中国经济取得了巨大的成就，如今改革已进入攻坚阶段，但面对经济全球化和"入世"的挑战，以及跨国公司的影响，对我们无疑是一个严峻的考验，所以，要坚持深化改革，把改革作为促进中国经济发展的永恒主题，并坚持搞好。

2002年7月23日《南阳日报》

英伦掠影

6 月英伦岛的天空时常是灰暗的，可一旦阳光在建筑物上恣意地舒展，则转眼变得蓝天如洗，轻纱般的薄雾且隐且退。郁金香正盛，踏上伦敦的那一刻，满目的繁荣，矜持又显赫地涌入我的视野。带着愉悦的心情游览了泰晤士河，参观了大英博物馆、特拉法尔加广场、白金汉宫、伦敦眼、大本钟等著名景点后一路北上，领略英伦三岛的美丽风光，感受它的古朴、典雅和厚重。

剑河泛舟

从伦敦向北乘车一个多小时，便来到英国剑桥郡首府、世界著名大学城——剑桥。这里曾哺育出牛顿、达尔文等创科学新纪元的大师和 88 位诺贝尔奖得主，被人们称为自然科学的摇篮。剑桥还走出了七名首相，印度总理尼赫鲁、英国王子查尔斯也曾在这里就读，可谓精英辈出。

这里有一条河叫剑河，河上修了许多桥，所以城市命名为剑桥，剑桥就是剑河之桥，也称康桥，美丽的剑河也是剑桥大学的象征。我国新月派代表诗人徐志摩曾就读于剑桥大学两年，并在此奠定其浪漫主义诗风，他那脍炙人口的诗篇《康桥》中的"轻轻地我走了，正如我轻轻地来"就镌刻在剑河边的中文石碑上，成了剑桥唯一的中国元素。

为了节约时间，多看看剑桥风光，我们选择了乘船游览。在剑河泛舟，非常惬意。曲折蜿蜒的河里，游船如织，碧波荡漾。两岸杨柳低垂，绿草如茵，草坪宛如绒毡铺地。剑河上架设着许多设计精巧、造型美观的桥梁，其中以数学桥、格蕾桥和叹息桥最为著名。人在船上坐，船在桥下行，犹如画中游。微风拂面，飞鸟从船头掠过，给人以无限的遐想。

剑河岸边，历史悠久的百年学府和经典建筑比比皆是，高大精美的校舍，庄严肃穆的教堂和爬满青藤的红砖住宅矗立在满城的绿树红花间，翠色葱茏，古意盎然。剑桥大学成立于 1209 年，据说是一批从牛津大学逃离出来的学者创建的，剑桥各学院分散在全城各处，不像国内大学那样都是完整校园，可以说，整个剑桥市都是它的校园。市中心几乎被各个学院包围，基本成了剑桥大学的生活区，街上店铺大多是书店、文具店，还有给学生们做传统学袍的服装店。

剑桥共有 31 个学院，最著名的三一学院由国王亨利八世于 1546 年创立，是科学家牛顿、哲学家培根，包括查尔斯王子在内的多位王室贵族以及六位英国首相、多位诺贝尔奖得主的母校。1441 年的耶稣受难日，年轻的国王亨利六世为剑桥圣母和圣古拉斯国王学院奠基。国王学院是两所皇家和宗教机构之一，另一所是伊顿中学，两个学院（校）每年分别最多录取 70 个家境贫寒的学生。从伊顿中学毕业的男生可以自动升入国王学院。亨利竭尽全力要使他的学

2015 年在英国剑桥

院，尤其是学院教堂在气势方面举世无双。这座前后建了 100 多年的教堂仅安装 26 扇彩色玻璃就花去了 30 多年时间，它那耸入云霄的尖塔和恢宏的哥特式建筑风格已经成为整个剑桥市的标志。

皇后学院前面的剑河上有一座古老的木桥，这就是举世闻名的数学桥，又叫牛顿桥。相传牛顿采用数学和力学的方法设计并建造了这座桥，没用一颗钉子，后来他的一个学生为探究这座桥的奥秘，把它拆开剖析，可是不用钉子怎么也恢复不了原样，最后只好用钉子重新把木桥架好。我们伫立在数学桥的桥头，剑河水面上荡漾着多姿多彩的神奇图案，这些看似三角形、长方形、菱形等几何图形，传说是牛顿在设计图纸时经过周密计算得来的。

古城约克

我和多数人一样，以前只知道美国有一个大都市纽约，对英国的古城约克知之甚少，到了约克才知道，原来它和纽约的渊源很深。纽约诞生于 1664 年，英国打败荷兰后，思念故乡的英国将士纷纷用家乡城镇名字命名新大陆的一个个定居点，新约克便是其中之一。除此之外，在美国、加拿大、澳大利亚还有很多以"约克"命名的城镇和社区。

约克的城市历史可以追溯至公元 71 年。这里是罗马人为防御外敌而建立起来的一个堡垒，城市四周环绕着 5 千米长的正方形城墙。约克是古罗马

古城约克街景

文明的重要见证者。罗马皇帝赛佛勒斯和罗马帝国君士坦丁一世的父亲君士坦提阿斯都驾崩于此，君士坦丁一世也是在约克被军队拥立为皇帝，以此为起点开创他的丰功伟业的。

约克最著名的建筑是约克大教堂，又称圣彼得大教堂，它是英国最大，同时也是整个欧洲阿尔卑斯山以北最大的哥特式教堂。它始建于公元 1220 年，直到 15 世纪才完工，是欧洲现存最大的中世纪时期的教堂，也是世界上设计和建筑艺术最精湛的教堂之一。它气势恢宏，工艺精美，经历几百年依然坚实、挺拔。尤其是那些雕刻，令人赞叹不已。《哈利·波特》系列电影中不少镜头的拍摄地就在约克大教堂内。

约克也是英国老式小城的代表之一，有着中世纪狭窄的街道和 13 世纪的城墙。我们来到一条叫作肉铺街的老街，也是著名的购物街，街道两旁的房子都有几百年的历史。房屋的二层都有向外突出的骑楼，曾经是用来悬挂肉的。街道不宽但可以走马车，街道两侧的房子都向街道中间倾斜，使街道上空变得更为狭窄。

由于约克城历史悠久，城里老房子众多，关于鬼的故事和传说也很多，催生出了一些专门卖相关产品的商店，店里各种扮鬼面具、假发和衣服让人看着毛骨悚然。当夜幕来临，游客们便集合起来，等候着由约克人装扮的寻鬼人，然后在身穿黑衣的寻鬼人的带领下捉鬼。一路上，寻鬼人一会儿指点那些传说中鬼魂会出没的地方，一会儿又在一座古老空闲的房子前停下来，给游客讲几个鬼故事。这种游戏，如今成了约克城夜生活中的一道趣味游戏景观。

我们一行人都比较胆小，无心捉鬼，便匆匆逃离了约克。

2015 年 8 月 24 日《平顶山日报》

典雅英伦

—— 永恒的魅惑

6月，初登英伦岛，郁金香正盛。一路北上，其自然风光秀丽如画，人文景观古朴典雅，美得让人惊叹，雅得蛊惑人心……

北方雅典——爱丁堡

到苏格兰旅游，首选是去爱丁堡，它是苏格兰的首府，是苏格兰历史文化的重要发源地，又是英国仅次于伦敦的第二大金融中心。

爱丁堡雄踞于绵延的火山灰和岩石峭壁上，充满了苏格兰独特的魅力。市中心分为两部分，旧城由世界著名的城堡占据，周围环绕的优美鹅卵石通道把苏格兰的过去和现在紧密联系在一起。新城建筑多为优雅杰出的佐治亚设计风格。

我们一行人登上位于市中心的爱丁堡，在这里可以俯瞰全城。城堡建在死火山的花岗岩山顶上，四周是陡峭悬崖。因为历史上常与来自英格兰的势力进行战斗，爱丁堡人养成了崇尚独立与自由的民族性格。在城堡上，我们看到一群当地人正在模仿古代战斗的场景做游戏，仿佛告诉后人不要忘记这个城市中世纪的辉煌。站在城堡上，整个城市尽收眼底，老城的典雅、新城的华丽历历在目，"北方雅典"的美誉名不虚传。

2015 年在爱丁堡

  爱丁堡在 6 世纪成为皇家堡垒。1093 年玛格丽特女王逝于此地，自此成为重要的皇家住所和国家行政中心，很长时间以来是苏格兰的重要象征。城堡上安放着 1449 年比利时建造的大炮，据说参加过多次战役，城堡内宫殿里有不少苏格兰宝物，如 1540 年设计的苏格兰王冠、宝剑、皇杖等文物。这里同时也是苏格兰国家战争博物馆和联合军队博物馆所在地。

  王子街是爱丁堡最繁华的商业大道，整条街上都是购物商店和书店，各种品牌应有尽有。但最多的还是苏格兰特产——苏格兰呢围巾、裙子和毛衣。格子呢是苏格兰服饰的最大特色，穿着苏格兰格子裙的男性，是我们一提到苏格兰就在脑海中浮现出的形象。仔细观察苏格兰人穿的方格裙，其面料虽然都以方格为图案，却各有不同的设计，有的以大红为主底，上面是绿色条纹构成的方格；有的以墨绿为底，上面有浅绿色的条纹；有的格子较小，有的格子较大；有的鲜艳，有的素雅。据说历史上苏格兰人打仗就穿方格裙子，并且非常勇敢。曾有一段时间，英国政府禁止苏格兰男人穿着方格裙。苏格兰人为此进行了不屈的抗争。如今，苏格兰格子已成为苏格兰文化传统的一部分，苏格兰还提出了让每个人都穿上属于自己的格子呢，人们在喜庆联欢时总是穿上漂亮的格子裙，吹奏欢快的风笛，跳欢乐的舞蹈。我们在爱丁堡街头曾一饱眼福，有幸观看这种民族舞蹈。

巨人之路

在北爱尔兰首府贝尔法斯特西北约 80 千米的大西洋海岸，有一处世界自然遗产——巨人之路，也叫巨人堤。

"巨人之路"的名字源自爱尔兰的民间传说。一种说法说巨人之路是由爱尔兰巨人芬·麦库尔建造的，他把岩柱一个又一个地运到海底，那样他就能走到苏格兰去与其对手芬·盖尔交战。当麦库尔完工时他决定休息一会儿，而此时他的对手盖尔决定穿越爱尔兰来估量一下他的对手，却被麦库尔那巨大的身躯吓坏了，尤其是当麦库尔的妻子告诉他这仅是

巨人之路

巨人的孩子之后，盖尔臆想这小孩的父亲该是怎样的庞然大物，这时他开始为自己的命运担心，匆忙撤回苏格兰并毁坏了其身后的堤道，以免麦库尔追到苏格兰。另一种传说是爱尔兰军队的指挥官巨人芬·麦库尔力大无穷，一次在同苏格兰巨人的战斗中他随手拾起一块石头投向对手，石块落到海里就形成了今日的巨人岛，后来他爱上了岛上的巨人姑娘，为了接她而建造了这条堤道。

在游客中心听完美丽的传说，坐上景区的观光车，我们踏上巨人之路。行走在 1.2 千米长的步道上，一边是平均高度 100 多米的峭壁悬崖，一边是狂风巨浪拍打出的海湾，穿过步道来到巨人之路，观看这条海岸线上最具特色的壮美景色。约 4 万根大小均匀的玄武岩立柱聚集成一条绵延数千米的堤岸，形态很规则，看似人工凿成的，大量的玄武岩石柱排列在一起形成壮观的石柱林，井然有序，美轮美奂的造型、磅礴的气势令人叹为观止。现代地质学家通过研究其构造，揭开了巨人之路之谜。原来现今爱尔兰和苏格兰的熔岩高原就是几千万年前大规模熔岩流形成的，一股股玄武岩熔岩从地壳的裂隙涌出，像河流一样流向大海，遇到海水后迅速冷却变成固态的玄武岩并收缩结晶；岩浆的凝固过程中发生了爆裂，而且收缩力非常均匀，于是就形成了规则的柱状体图案，这些图案通常成六棱柱，其中也不乏四棱、五棱、七棱和八棱的。由于裂缝直上直下伸展，水流可以从顶部流到底部，结果就形成了独特的玄武岩柱网格。由于火山熔岩是不同时期分多次溢出的，因此一边的峭壁形成了多层次的结构，逐渐被塑造出高低参差的奇特景观。几万根石柱排列起来，延绵 6 千米，气势磅礴，蔚为壮观，石柱高的有十几米，低的也有五六米，一部分错落有致地伸向大海。站在石柱群上远望，只见山依海势，海借山景，海天一色，不能不感叹大自然的鬼斧神工。

2015 年 8 月 31 日《平顶山日报》

鹰城秋韵

早晨起来，推开窗户，清爽的风夹带着桂花的芬芳吹进来，很舒服。今年的桂花好像开得有点晚，过去都是八月桂花香，今年到九月中旬了才开，也可能桂花是在攒劲吧，开出的花格外香浓，微风一吹，满院花香。晨练回来，伫立在葡萄架下凝视，一串串葡萄紫里透红；架上的葫芦已经泛白，中间细，两头圆，像一对双胞胎兄弟依偎在一起窃窃私语；丝瓜的藤蔓爬到了桂花树上，丝瓜垂在上面像长长的棒槌，有的已长黄了不能再吃了，但它的瓤可是刷锅的好材料。眼前的一切告诉我，秋天真的来了。

从小喜欢秋天。秋天的阳光没有夏天那么灼热，也没有冬天那么寒冷。秋天是收获的季节，意味着饱满和成熟。秋天的节日比较多，中秋节，全家团团圆圆，其乐融融；重阳节，敬老爱老，登高赏菊；国庆节，举国欢庆，七天假日，尽情游玩。喜欢秋天的另一个原因是我出生在秋天，父母告诉我，我出生的那一年，在分得的土地上种下了玉米和红薯，获得了好收成，全家人告别了吃糠咽菜的日子。

今年的秋天，鹰城人有了不一样的感受：突然发现，天空变蓝了，湛河水变清了。细心的大妈发现桌子上的灰尘少了许多。街上的垃圾清扫车、洒水车来来往往，不同的是这些车都换成了电动车。

田野里玉米喜获丰收，轰鸣的收割机把玉米收下，随即把秸秆粉碎还田。秸秆的综合利用，告别了烟雾缭绕，回报的是蓝天白云，人们洋溢的笑脸也是秋天的风景。

今年秋天，鹰城人民张开双臂迎来了世界各地的华人华侨，签下了一个个投资大单，架起了五湖四海友谊的桥梁。为迎盛会，市区街道两旁的大树装扮一新，每到夜晚银光闪亮，整条街如银龙起舞。

重阳节登上平顶山巅远眺，鹰城市容尽收眼底，绿树成荫，高楼林立，湛河似银色的飘带从城市穿过。记得高中时，夏日里同学们经常结伴到湛河游泳，河水清澈见底，成群的鱼儿游来游去，我们游到哪儿，鱼儿就跟到哪儿。随着湛河的治理，那情景想必在不久的将来还会重现。沙河是一条古老的河，如今通航工程已开始建设，再过几年，轮船在我们这里也可以通江达海。

秋天的金牛山，万亩石榴园里红红的石榴挂满枝头。刚刚引进的软

鹰城秋韵

籽石榴特别好卖。尽管价钱贵，但因为好吃，仍备受青睐。金牛山顶竖起了座座铁塔，和远处紫云山上的风力发电塔遥相呼应。风力发电、光伏发电、生物质能发电，能源城的转型之路又被赋予了新的内涵。

鹰城的秋天是多彩的。尧山的枫叶是黄色的，郏县的烟叶是金色的，白龟湖的水是青碧的，还有一片又一片辣椒是红色的。秋日的下午，徜徉在白龟湖国家湿地公园的绿茵中，那争奇斗艳

的月季，沙沙作响的竹林，还有小桥流水，宛若来到了江南。雨滴落了下来，随秋风落在树叶上、落在湖水里，湖水中的雨滴落处一圈又一圈，温润地荡开去。小雨转眼就停了，夕阳灿红，白龟湖波光粼粼，沙岛清晰可见，水鸟自由飞翔，天高云淡，再现了"落霞与孤鹜齐飞，秋水共长天一色"的美景，不由得想起苏轼那动人的诗句："欲把西湖比西子，淡妆浓抹总相宜。"

白龟湖过去叫平西湖，它虽然没有杭州西湖那么悠久、那么秀美，但它却像鹰城人的胸怀一样，博大、广阔。回顾历史，1953年中南地区组建的平顶山煤矿勘探队到这里勘探，1956年东北煤炭基建局的1500多名职工到平顶山矿区参加初期建设，鹤岗、唐山等地来支援平顶山开发的老一代矿工如今大多已两鬓斑白，他们为平顶山的发展贡献了青春。

60多年来，全国各地的精英来到鹰城，经过几代人的艰苦奋斗、艰苦创业，才使这片中华人民共和国成立前的不毛之地，建设成了中国尼龙城、中部能源城、中原电器城，并逐步形成了"开放、包容、务实、创新"的平顶山精神。

鹰城的秋天是美丽的，鹰城的明天会更美丽。我喜欢秋天，更喜欢鹰城的秋。

2016年11月1日《平顶山日报》

天龙屯堡古镇游记

　　金秋时节，我们一行到贵州旅游，参观、瞻仰了红色革命圣地——遵义，品尝了国酒茅台，离开爽爽的贵阳一路往西，驱车 70 余千米，来到位于安顺市平坝区的天龙古镇，感受独具特色的屯堡文化。

　　天龙古镇西距安顺 28 千米，北距平坝区 11 千米，元朝时就是滇黔古驿道上的重要关隘和驿站，当时叫饭笼驿，300 年前叫饭笼铺，1928 年改名为天龙镇。它作为屯堡文化的典型代表现在已被开发成了一个探奇访古，感受老汉人古老民俗的旅游景区，取名为天龙屯堡古镇。

　　进入景区，来到古镇大门，首先映入眼帘的是一副醒目的对联，上联是"滇喉屯甲源出洪武十四年"，下联是"黔中寓丘流长华夏千秋史"。短短二十二个字，道出了古镇的前世今生。

　　走进镇区，看到一栋栋石木结构的房屋，错落有致，连片成趣，全部是石墙石瓦石铺地，窄窄的巷子路上铺的也是厚厚的石条石块。那"石头的路面石头墙，石头的瓦盖石头房，石头的碾子石头磨，石头的板凳石头缸"的石头世界，令人赞叹。在天龙古镇，人们提到最多的一个人是朱元璋。据史书记载，朱元璋建立大明王朝后，元朝残余势力梁王把匝剌瓦尔密拒不归顺，割据西南与朝廷分庭抗礼。1381 年（洪武十四年），朱元璋令颍川侯傅友德率师三十万征讨梁王。经过几个月的激战，终于彻底荡平梁王在云南的势力，把云南辖地纳入大明王朝的版图，这就是历史上有名的"调北征南"。战后朱元璋考虑到贵州的战略地位，为防止元朝势力和当地土司势力再次反叛，保障云南驻军后继有援，下令在滇黔古驿道两侧主产粮区和关隘广设"屯堡"，推行"留军屯守建立城堡，保卫边陲，闲时耕种，战时出征"，即"三分操备七分耕种"的屯田戍边政策，这种自成体系亦兵亦农的建制形成了以安顺（当时叫普定）为中心方圆1340平方千米的滇黔要道上的数百个屯堡村寨。天龙屯堡仅仅是其中有代表性的一个。导游罗小姐也是屯堡后人，她风趣地说，她的祖上是我国最早来参与西部大开发的建设兵团人。

后来朱元璋为了使军士"有亲属相依之势，有心理相安之心"，不至于逃散、脱籍，又以"调北填南"的举措，发动一次大规模的政策性移民，从江南、中原、湖广等地强行征调屯军家属子女、农民、工匠、役夫、商贾、犯官等迁来黔中，发给农具、耕牛、种子、田地，以三年不纳税的优惠政策就地聚族而居，与屯军一起形成军屯军堡、民屯民堡、商屯商堡，构成了安顺一代独特的汉族社会群体——老汉人，逐步形成了独具特色的屯堡文化。

当时随军入黔的张、陈、沈、郑四名军官奉命在饭笼驿（今天龙镇）这个曾经是元朝设立的重要驿站屯田戍守，四位出生入死、浴血奋战的袍泽，在此结为异姓兄弟，各司其职，共同开发这一命运归属地。今天我们在古镇中央看到的四公亭和四个人的塑像就是后人为纪念他们而修建的。

屯军移民带来江南和中原地区先进的耕作技术、先进的农桑文化，有力地促进了当地经济的发展。他们经历数代繁衍生息，人口不断增长，仅天龙屯堡目前就居住着5000多屯堡人。随着时间的推移，江南文化也逐渐融入这方土地，特别是当时入黔的一些技术高超的石匠、木匠等手艺人，在建屯堡时，技术得到充分的发挥和应用。走在古镇的大街上、巷子里，看到两旁的民居建筑仍沿袭了江南三合院、四合院的特点，房子也是明朝江南的建筑风格，每幢建筑都很注重装饰，在基石、门窗、柱枋、屋面上，以浮雕透雕、阴线雕等手法刻上石榴、荷花、牡丹、蝙蝠、如意、万字、金钱等各种图案，寄寓主人对生活的美好意愿。古镇街上有条小河，河上的小桥、河中的荷花、河旁的垂柳，仿佛都出自江南的画面，怪不得有人把它称为黔中的江南小镇。与江南建筑略有不同的是，窗户小而少，各家各户一楼自成一院，二楼互相连通，充分体现了它的防御功能。

在天龙镇，人们讲到最多的另一个人是在元末明初富可敌国的沈万三。据说沈万三高调、炫富，要和朱元璋比赛修筑南京城墙，由于实力雄厚，工程比皇帝的提前竣工，又提出由他本人出资犒赏军队，因此惹恼了朱元璋，将他流放云南。在押送途中经过饭笼驿，沈万三在此居住三年，古镇现存有沈万三故居一栋，位于大门入口 50 米处。我们进去参观，看到的是一座风雨斑驳显得有些破败和没落的石木结构四合院，带天井和厢房，花格窗、跑马楼、雕花大梁，与江南宅院并无二样。四合院的屋檐、桌椅、灶台、饭桌上的雕刻饰纹，跟江苏周庄沈厅也很相似，只是房屋气势不及周庄沈厅。在这所颇具匠心和气度的深宅大院里如今住着沈万三的第十九代孙沈长仁。据介绍，沈万三在此居住的三年里，不仅教这里的军民识文断字，还教他们如何借助古驿道的便利，组建马帮，经商理财，发家致富。如今在距沈万三故居不远处的街对面，人们建起了财神庙，里面敬的是沈万三这位"财神爷"。从沈万三故居出来，往前走不远便到了驿茶站，驿茶站背靠着老演武堂，这是从前用来表演地戏的一栋有照壁的老房子。据说这里还是一个驿站时，这驿茶便已经存在了。以前贵州境内山高林密，湿气和瘴气也很重，不少将士身患重病，这情景在《三国演义》里诸葛亮七擒孟获时也曾出现过。当年的征南大军中有位精通中医的随军大夫，用老姜、金银花和苦荞籽等烧制成不仅能解渴止乏，还能祛瘟除瘴的屯堡驿茶，一直传到现在，免费供游客品尝。专司驿茶的是一位太婆，她腰系绦丝，身穿斜襟大袖长衫，长衫开口处及领口袖口边沿绣以花边，足蹬高帮单勾凤头鞋，头上用一块青色头帕将头顶包围一圈，佩耳坠，戴银镯。据说六百年前南京和凤阳一带上了年纪的妇女都是这种打扮，从她们的服饰可以看出如今的屯堡人仍然恪守着其世代传承的明朝文化和生活习俗。在热情太婆的一再招呼下，我们一行坐下，围着四角茶亭，手捧干净明亮的粗瓷

2016 年在贵州天龙屯堡古镇

茶碗，喝着这天龙屯堡独有的饮品，品着这碗神清气爽的驿茶，顿觉心旷神怡，不由得对这位可敬的太婆连声道谢。

　　喝完驿茶离开茶亭往天龙学堂方向走去，路边有一棵古槐树，有几百年的树龄，是国槐。"槐"和"怀"谐音，屯堡人以此寄托几百年来的思乡之情，在不远处有一方石碑上写着"叶茂思根"四个大字。据当地人说，1997 年 4 月 11 日，天龙屯堡陈姓后裔带着地戏、族谱和族人的嘱托，到南京寻根认祖，几经辗转，在玄武区丹凤街，找到了族谱记载的始祖陈典居住的都司巷，回来后他们把带回的故土撒在树下，埋于土中，并在上面立了这块石碑。

　　在天龙古镇，最好的建筑是天龙学堂，建于 1907 年，当时叫"饭笼铺学堂"，学堂分为主楼教学楼、图书馆、宿舍楼及伙房等建筑。主楼为恢宏的礼堂建筑，高大雄伟，石墙体，屋面盖瓦，从主楼背面可见到屯堡建筑的典型样式，即窗户小而少，主要采光在正面，教学楼分为两幢，

石墙体、石板房、木架结构。为扩大采光，窗户都是大圆拱形，窗户玻璃上是冰裂纹状，暗喻"十年寒窗"。图书馆形似古堡，上下两层，呈多菱形。校门是石牌坊式建筑，气势宏大。校园内天井两侧分栽紫薇树、桂花树，意取"紫薇高照""蟾宫折桂"，皆为对学子的良好祝福。当年的饭笼铺学堂曾被称为贵州乡村中小学的经典建筑，百余年来该学堂出了两个进士、四个武举、十余名黄埔军校学生，以及牺牲在抗日战场上的将军、团长。我们在镇上一家居民的大门上还看到一副对联："耕读传家久，诗书继世长"，足见屯堡人对教育的重视和对江南文化的传承。

　　游客到天龙古镇，地戏是必看的节目。地戏又称跳神，是盛行于屯堡区域的一种民间戏曲。据说它是最早兴起于明朝徽州一代的"假面之戏"，屯堡人定居黔土之后，担心长期习于安逸，武事渐废，就将源于江南农村的"傩舞"和"嗔拳"假面戏延续下来，年复一年传承至今，借以增强屯堡人怀乡恋土的内聚力和依托感。

　　地戏的演出地点不在戏台，在一个大院的天井里。那天我们看的是《三英战吕布》。只见演员头蒙青巾，腰围战裙，戴假面具，手执戈、矛、刀、戟，随口歌唱，应声而舞，唱是无乐器伴奏的说唱，舞实际上是打，表现战斗场面的对打格斗。虽然内容比较单一，但屯堡人正是用演武增威的故事来缅怀祖先、激励后辈的。可以说，地戏是屯堡人的一本大书，是最能反映屯堡人行为方式、思维倾向的一项民间艺术，因为汉文化中英雄永远是至高无上的，而每一部戏都是屯堡人景仰、效法英雄人物的赞美诗篇。

　　虽然意犹未尽，但天色已晚，我们只好恋恋不舍地离开天龙屯堡古镇。回程的路上，一行人议论着，回味着，思索着。天龙屯堡古镇值得一游，不虚此行，而坚毅、淳朴的屯堡人更值得我们尊敬。

2016 年 11 月 8 日《平顶山日报》

新西兰见闻

沉醉奥克兰

对我们来说，新西兰是个陌生又遥远的国度。

这是位于太平洋上的一个岛国，面积 27 万平方千米，生活着 450 多万人，虽然没有悠久的历史、文化，但国民幸福指数多年排在全球前列。今年总部设在伦敦的研究机构莱加顿研究所把 104 个可变因素归纳为 8 项指标，包括经济质量、经商环境、政府治理、教育健康、安全保障、个人自由、社会资本和自然环境，加权计算出全球繁荣指数，结果新西兰居榜首，英国排第 10 位，美国排第 17 位。

十月的新西兰还是初春，在友人的陪同下，我们一行从北岛到南岛，开着车从奥克兰到罗托鲁亚，从基督城（克莱斯特彻奇）到皇后镇，到处都是美景，遍地都是绿草、绿树，真是名副其实的绿色王国。这里四季温差不大，植物生长十分茂盛，森林覆盖率达 29%，天然牧场或农场占国土面积一半，得天独厚的自然环境使它的畜牧业十分发达，主要养殖羊、牛、鹿、马等。鹿茸、羊肉、奶制品和粗羊毛的出口量都是世界第一。和我们国家不同的是，新西兰的马是穿衣服的，即马背要裹上衣被，这让我们感到很新奇，据说是为了防止太阳照射使马得皮肤病。

千帆之都奥克兰

　　新西兰由北岛、南岛和斯图尔特岛等几十个小岛组成，北岛多火山、温泉，南岛多冰川和湖泊，奥克兰在北岛，是新西兰第一大城市，人口占全国的1/3，是全国的经济中心，也是世界上最宜居的城市之一。因为是海湾城市，无论住在哪里，不出半小时都能置身美丽的海滩和迷人的岛屿中。奥克兰有三张名片——千帆、火山、黑沙滩。大海环绕下的奥克兰有着"千帆之都"的美誉。王子码头、女王码头、库克船长码头在海湾中紧相连，码头上漂满了各式各样的桅杆，映着碧水蓝天，像是一个盛大的游艇展览。在这里，小的游艇或帆船的价格比一套房子便宜很多，个别刚移民到新西兰的外国人干脆买个游艇住在上面。听当地人说，比尔·盖茨的游艇也曾在这里停靠过。我们坐在港湾大桥下的咖啡厅里，一边喝着咖啡，一边欣赏周边的美丽海景和港湾中的帆影，真乃赏心悦目。

奥克兰城是沿着死火山口建造的，这里共有48座死火山。我们爬上其中一座叫伊甸山的最高火山，可以看到巨大的火山口，深有50多米，里面长满了青草，一派生机勃勃的景象。站在山上举目四望，不远处就是奥克兰港，新西兰出口的货物多数是从这里运往世界各地的，在这里可以看到近海到远海的出海口。在火山口前有一座纪念碑和一个圆盘，上边标有世界主要国家首都到这里的距离，北京到这里是10407千米。真可谓遥远啊。

奥克兰的黑沙滩离市中心区有40多千米。黑沙滩在世界上是比较少见的，关于成因，有一种说法是与火山有关，远古时火山爆发，海底的泥层翻出地面，与海边的泥土糅合在一起，加上海水和风力长年累月的作用，终于变成今天的样子。沙滩平缓开阔，是冲浪的理想场所。海边除了沙滩便是岩石，当海水退去就可以看到岩石上生长着的新西兰特产——青口贝。海边有一块突出的大岩石，在岩石的顶上，有一处塘鹅领地，每年春夏之交，数千只塘鹅由澳洲飞到这里繁衍生息。沿着修葺的木栈道向上攀登，我们找到了塘鹅的栖息地，上面密密麻麻都是塘鹅的窝。塘鹅有鸽子那么大，全身除头顶和翅尖外均呈白色，头顶呈黄色，两个翅膀尖却是黑色的，走到岩石上方的观景台，可以看到塘鹅在风高浪急的海上飞翔、觅食，听着叽叽喳喳的叫声，再看塘鹅抚育小鸟的情景，真让人叹为观止。

2016年12月13日《平顶山日报》

在新西兰拥抱自然

开车从位于北岛的新西兰第一大城市奥克兰到罗托鲁亚，大约三小时路程。车开出奥克兰不久，蓝天白云下不断出现连绵的牧场，绿色或青黄色如绒毯般的草场，点缀着白色的羊、黑色的牛、栗色的马，风一吹呈现出风吹草低见牛羊的壮景，真是让人心旷神怡。

罗托鲁亚虽说不足七万人，却是新西兰第七大城市，也是新西兰著名的旅游胜地。地震与火山对这里的大自然有着最精心的雕镂。再加上特有的人文景观，罗托鲁亚成为镶嵌在北岛火山湖畔一颗璀璨的明珠。这里温泉遍布，一进入市界就看到白雾缭绕，四周散发着浓浓的热气和硫黄味。罗托鲁亚湖面积有 23 平方千米，这里湖光潋滟，山色迷离，黑天鹅在湖中戏水，海鸥在空中飞翔。湖边的市政公园附近有一个政府温泉，吸引着来自世界各地的游客，我们当然也不会错过这难得的机会，泡温泉、赏湖景，怡然自得。

法卡雷瓦雷瓦森林公园在罗托鲁亚市郊，是一大片人工栽种的红树林。走进林中，宛如步入梦幻仙境。只见参天大树拔地而起，足有七十多米高，枝繁叶茂，遮天蔽日。我们一早过去已有不少人在这里晨练，踏着道路上的厚厚落叶，就像走在地毯上一般，柔软而有弹性。有一棵横倒在地上却并不枯朽的树，上面又长出了六棵参天大树，仍然伟岸挺拔，枝繁叶茂，不少人在这里留影拍照。据同行的秦先生介绍，这些红木树，是新西兰一百多年前以高昂的价格从美国加利福尼亚购买来的，新西兰人在环保方面的重视程度之高、力度之大令人赞叹。

新西兰南岛面积虽然比北岛还大，但人口还不到北岛的三分之一，景色一点也不比北岛逊色，而且显得更加宁静。南岛最大的城市是基督城——克莱斯特彻奇，人口有三十多万，又名花园城。据说，1850年第一批英格兰人乘坐四艘船来到这里居住。它地势平坦，全城充满浓厚的英伦风情，古老的建筑、雄伟的教堂构成了生动的艺术之区，可惜经过几次地震这些建筑均受到不同程度的损坏。安静的雅芳河蜿蜒流过城市，市中心的植物园一年四季都是繁花似锦。在这里，城里城外，甚至家家户户的小花园中，到处都能看到绿意盎然的景象。

新西兰南岛

那一天，下着细雨，我们开车从基督城去皇后镇。新西兰和其他英联邦国家一样，靠左行车，路上很少看见警察，也没有电子探头，人们都很遵守交通规则。我们走走停停，不时下车拍照，沿途所见尽是美景，山涧河谷长满绿树，冰川、湖泊、草地、牛羊，美不胜收。

皇后镇位于新西兰南岛的瓦卡蒂普湖北岸，是一个被南阿尔卑斯山包围的美丽小镇，也是一个依山傍水的观光胜地，这里有壮美的湖光山色，因此成了不少电影的外景拍摄地。美丽的瓦卡蒂普湖风光旖旎，远处的高山顶上白雪皑皑，山坡上绿树成荫，深蓝的湖水旁则是盛开的樱花，变化万千的景色令人称奇。我们坐上100多年前的蒸汽船，据说这种船至今还在运行的仅此一艘，航行四十多分钟，来到位于湖西侧的高原农场，欣赏牧羊犬如何驱赶羊群，观看牧羊人如何快速剪羊毛，非常有趣。中午到了，端上一盘新西兰美食，再配上一杯当地产的葡萄酒，边吃边看，只见湖水清澈见底，干净得可以直接饮用，两边山上一片翠绿，湖中倒影清晰可见，成群的水鸟时游时飞，此情此景，美轮美奂，让人流连忘返。

2016 年 12 月 20 日《平顶山日报》

新西兰人的幸福生活

新西兰人说，他们的国家是孩子的乐园、老人的天堂、家庭的世界。

新西兰的小孩一出生，除了他们的父母外，家庭里还会有一些其他成员，如小猫、小狗，几乎家家都养宠物。新西兰孩子的童年，没有学前班、早教班。家长认为孩子的人生要由他们自己决定，让他们随着年龄的增长自己去认识社会，而不是从小就定性。新西兰中小学实行免费教育，入学年龄为 5～16 岁，他们的学习方式和我们也不一样，没有繁重的家庭作业。假期里学校留的作业是：看一部电影，读三本杂志，帮助别人两次，近距离接触一种动物，坐一次火车。开学的时候，每个人都会跟其他同学讲述假期里看了什么电影，做了什么有意义的事。

中学主要培养孩子的团队精神和社会生存能力。每学期老师都会带着学生去登山、野营，在野营的过程中，帐篷都是孩子们自己搭的，老师不会去帮忙，只会告诉他们如何保护大自然，如何和其他生物一起共存。学校经常带领学生参加一些公益活动，让他们懂得，以后如果有能力一定要去帮助那些需要帮助的人。世界哪些地方贫穷、需要帮助的话应该申请哪种类型的基金、老人在路上摔倒了应该联络什么部门、受伤了要做怎样的包扎、怎样做人工呼吸……这些新西兰的孩子基本上都知道，他们从小就有社会责任感，乐于助人。

新西兰的养老制度规定，不管是新西兰公民，还是拥有永久居留权的

新西兰风光

外国人，只要年龄满 65 周岁，在新西兰住满 30 年，就有资格申领养老金。不满 30 年的，按一定比例领取养老金。并且，实行的是人人平等的养老金制度，不管你退休前是做什么的，也不管你有多少资产或多少负债，即使贵为总理，到了 65 岁退休以后，也是从工收局领取和普通人一样多的养老金。只有复员军人、残疾人和高龄老人有特殊待遇，养老金稍微高一些。新西兰的养老制度规定，养老金不能低于社会平均工资的 65%，现在的养老金金额每月合人民币 6500 元左右。由于看病和坐公交车、火车、轮渡都是免费的，因此这些钱足以保证老人衣食、旅游和有质量的生活。

在新西兰，老人很少有和子女一起居住的。刚刚退休时，如果喜欢收拾花园、做家务，那就选择居家养老。生活有什么困难，会得到来自社会的帮助，社会中心的工作人员和义工会定期帮助老人洗澡、购物，甚至医学护理。年龄再大一些时，更多老人选择入住养老院。养老院又分为退休村和医院级养老院两种。生活完全自理的入住退休村。退休村一般建在风光优美、安静平和的地方，里边配有注册护士、护理员以及必备的医疗设备，老人每人一间独立的房间。失去生活自理能力的老人会被安排住进医院级养老院，这种医养结合的养老院配有一天24小时值班的注册护士和护工。因此，在新西兰很少有员工请假去照顾生病的老人，医院也不允许家属参与护理。也从没听说过孝子数十年如一日侍候病榻上老人的佳话。

因居住分散，在新西兰汽车是出行的必备工具，街上常常看到白发老头、老太驾车。此外，政府提供无息贷款，报销书本费，促使退休老人去学习，新西兰的大学里能看到很多老人在读书学习。由于生活有充分保障，社会调查显示：75岁以上的老人是幸福感最强的群体。

新西兰人家庭观念很重，办公桌上都会摆着和家人的照片，每逢周末和假期，一家人去公园、海边游玩，爬山，晒太阳，或乘游艇出海钓鱼，其乐融融。下班后时间都是属于家人的，老板不会要求员工加班，也不会有人打电话、发邮件安排工作。很多外来移民到了这里，才找到了事业和家庭的平衡点。因此新西兰人的离婚率、自杀率都比较低。他们不管生活在什么地方，都有醉人的美景、清新的空气、甘甜的清水和良好的心情，家庭稳定，生活平静、平和、平淡、平安，遇事不争、不抢、不慌、不忙，做自己喜欢的事情，去自己想去的地方，和自己喜欢的人在一起，这就不难理解为什么多年来新西兰人的幸福指数高居世界前列了。

新西兰是南太平洋上一颗璀璨的明珠，在这里不仅让人领略到蓝天白云、水天一色、绿草如茵、繁花似锦的美景，而且还能感受到安静祥和的气氛，希望朋友们有机会亲自去感受一下。

2016年12月27日《平顶山日报》

走进恩施

在湖北西部，有一个少数民族地区——恩施土家族苗族自治州，首府设在恩施市，那里山清水秀、风景优美、民风独特，被联合国教科文组织评为最适合人类居住的地方之一，与大兴安岭、横断山脉并称祖国的三大后花园。日前，我们一行人踏上恩施之旅。

大峡谷是恩施旅游的首选地。它地处沐抚镇，距市区约 50 千米，与百慕大三角、埃及金字塔、我国的黄山处于同一纬度——北纬 30 度，不仅气势宏伟、风光优美，还有许多让人惊叹的神秘景观。天气好，可以看到日月同辉奇景。大峡谷总面积 300 余平方千米，绝壁总长 108 千米。内有一条狭长的小河叫云龙河，全长 7.5 千米，宽仅 7.5 米，平均深度达 75 米。由于下着雨，我们只能站在云龙桥上往下观看，只见一条条瀑布从不同的地方飞流而下，十分壮观。下面的小河在雨雾中深不见底，如一条地缝，让人敬佩大自然移海裂山的力量。踏进大峡谷，雄伟险峻的气势扑面而来。远远望去，耸立的高山上万丈绝壁，恰如一幅美丽的国画。因索道检修，我们冒雨徒步攀登。顺着台阶一路上行，蜿蜒曲折，峰回路转，处处皆景，每一处绝壁都嶙峋多姿，各有特色。冲天而起的石柱宛如一炷香，顶上长着一棵树苗，好似摇曳的香火，远处一大一小并立的石柱称为"天恩浩荡"。我们爬上第一座山峰时，雨停了，天空渐

恩施风光

渐放晴，壮观的峡谷全景呈现在眼前。高高的绝壁中间是一片广阔的谷底，顺着山势延伸，一眼望不到边，农舍散落在树木中。凸现的石笋，宛如南天一柱。站在观景台上，身边白雾缭绕，恍如身处云中仙境。

稍事休息后，我们穿过一线天来到全长480米的绝壁栈道。据导游介绍，当初修建栈道时，工人先在栈道边山壁上钉入大铁环，然后将绳索一头绑在身上，一头挂在铁环上，悬挂在绝壁上打进钢钎一步步铺设，其中的危险和艰辛可想而知。在海拔一千多米的栈道上行走，一边是绝壁，一边是深渊，让人感受到强烈的视觉冲击。

恩施不仅有很多神秘美景，如号称世界第七、中国第一的大溶洞腾龙洞，世界第一高坝水布垭、神农溪、土司城、清江河景区等，还蕴藏着多彩的文化。这里是巴文化发源地，保留着许多独特的民间文化。"女儿会"是恩施的又一张名片，它是土家族的传统民俗，也是土家族青年的情人节。每逢农历七月十二日和十三日，土家族姑娘便利用赶场摆摊的机会挑选心上人。如果对小伙子满意，就把自己精心制作的鞋垫等商品价格压得很低，反之则漫天要价。现在，恩施市区建了一个女儿城，用表演的形式再现这一民俗，游客们在里面可以参观民俗博物馆，品尝小吃，选购土特产。抗战文化也是这里的特色文化。抗日战争时期，武汉、宜昌沦陷后，湖北省政府搬迁到此，将恩施设为临时省会。中国军民团结一心，在这里组织了有名的鄂西会战，极大地打击了日寇的嚣张气焰，守住了大西南的门户，在中华民族的抗战史上留下了光辉的一页。当年的军用机场已易地改扩建为民用机场。木炭汽车也常常被人提起。这种汽车以木炭替代当时极度紧缺的汽油，灵活机动，适合在山区行驶，能躲避敌人炮火运送军用物资，还能保证客运正常运营。

玉露茶是恩施的另一张名片。据说，清朝时恩施人就开始加工宜恩绿茶，因茶叶外形紧圆挺直、色绿如玉，故名恩施玉绿。后来，人们不断改进工艺，又改名为玉露茶。该茶曾受到乾隆皇帝的喜爱，被封为"皇恩宠锡"，并被纳入朝廷纳贡佳品。恩施还是中国第一高硒区，有世界唯一的独立硒矿床，被称为世界硒都。因此，玉露茶富含硒。这几年，恩施连续举办了四届世界硒都博览会，吸引了来自全球各地的客商，仅茶叶一项就年创收入 90 多亿元，成为山区人民脱贫致富的一大产业。

优美的环境、厚重的文化、丰富的资源成为恩施一张张美丽的名片，吸引着人们到此一游。

2017 年 12 月 5 日《平顶山日报》

美国纪行

2017 年 10 月下旬至 11 月上旬，我到美国旅游。这是我时隔二十年重游美国，半个月走了七个城市，走马观花，感慨颇多。深感我们国家改革开放以来的巨大变化，特别是基础设施建设方面，和美国的差距在缩小。另外，在某些方面已实现了超越，如我国高铁运营里程已突破 2 万千米，美国至今还没有修一千米高铁，且有些机场、车站因年代已久略显陈旧。我国的网络购物、移动支付、共享经济蓬勃发展，美国仅加州的部分华人商店可以用移动支付。看了美国，更坚定了我们的道路自信和制度自信。但不可否认的是，美国仍然是目前世界上的超级大国，在科技创新、经济、军事实力、文化教育等方面仍处于领先地位，需要我们加倍努力追赶，对此必须保持清醒认识。

漫游夏威夷

夏威夷是美国唯一的群岛州，由太平洋中部 132 个岛屿组成，首府位于瓦胡岛上的火奴鲁鲁，即檀香山。夏威夷是一个集合了火山、山谷与大海的地方，这里有美丽的自然风光和漂亮的海滩，是著名的旅游胜地，但它的机场有点陈旧，我们住的酒店处于檀香山市中心，用的还是窗式空调，噪声很大。到夏威夷旅游有两个地方不能不去，一个是珍珠港，一个是张学良将军墓。

珍珠港地处瓦胡岛南岸两个山脉之间平原的最低处，是北太平洋岛屿中最大最好的停泊港口，也是美国的海军基地和造船基地。

1941年12月7日凌晨，日本偷袭珍珠港，12月8日美国和英国对日宣战，宣告了太平洋战争爆发。日本的这次偷袭，让仓促应战的美军损失惨重，地面上几乎所有的战机被炸毁，3581名美国人被炸死炸伤，仅亚利桑那号战舰就有1177名将士死亡。亚利桑那号沉没后，舰体上层建筑火炮被拆除，舰体仍保留在原位水下12米处。1962年5月，时任美国总统肯尼迪决定在亚利桑那号沉没处建立纪念馆。纪念馆建在海底填充物上，呈拱桥状，通体白色，横跨在亚利桑那号上方。在纪念馆的白色大理石纪念墙上，镌刻着1177名海军将士的名字。

我们来到游客中心，看到这里设有户外陈列展览厅、书店和电影院。电影院里从早上七点到下午三点不停地播放着有关日本偷袭珍珠港的电影，以翔实的资料记载了战争的惨烈。书店里出售各种有关珍珠港事件的画册、书籍、地图和有关战争歌曲的唱片、明信片以及印有珍珠港图案的纪念品。我注意到参观者个个神色凝重，许多人手持鲜花和花环来此凭吊，表达他们铭记历史、缅怀死亡将士、珍爱世界和平的美好愿望。

亚利桑那号纪念馆不远处，停泊着密苏里号战舰，如今也是纪念馆，因时间关系我们没去参观。据介绍，1945年9月2日，在密苏里号战舰上，麦克阿瑟将军接受了日本无条件投降，这标志着第二次世界大战的结束。这两艘战舰对美国来说标志着二战的开始与结束，以及战争最屈辱的时刻和最光荣的结果。

10月28日这一天阳光明媚，我们从檀香山出发，驱车50千米来到夏威夷北部的神殿谷公园内凭吊张学良将军。张学良墓是与其夫人赵一荻的合葬墓，坐落在公园内的一个山腰间，背山面海，位居高坡，四面开阔，山间林木葱郁，绿草如茵，花香四溢。墓前横着一块高约1米、长约 2 米的黑色花岗石墓碑，其正面左右两侧用繁体中文楷书刻着张学良、赵一荻字样，下面是各自的英文名和生卒年。墓台后边石墙上安放着十字架，周围是石砌的矮墙，墙外是青翠的草地和树木，墙内是开满黄花的扶桑，整个墓地环境朴素、宁静。这座公墓里还埋葬着很多名人，如船王包玉刚、菲律宾前总统马科斯等。山坡上散落着数以百计的花束，不仅寄托了岛民对逝者的哀思，也点缀着神殿谷秀美的山景。我们去凭吊时，看到张学良墓上方的花岗石上有人用硬币摆成"中国"二字，看来是以这种方式表达对这位发动西安事变的历史老人的敬仰和怀念吧！

美国的小镇保护和沙漠治理

在美国旅游，印象最深的是其优美的环境和沙漠的有效治理。我们乘飞机、坐火车、换汽车，从西海岸到东海岸，从南方到北方，看到处处绿树成荫、草坪遍地。美国政府规定凡是有土地的地方不能裸露，必

1997 年在美国旧金山

须种上树或植上草坪。我们参观的里根图书馆、普林斯顿大学等地方，都是树木繁茂，绿草丛丛，小河流水，鸟语花香。优美的环境使人心旷神怡。从华盛顿到纽约的高速公路旁，是两道绿色屏障，各种树木枝繁叶茂，川流不息的汽车在绿色长廊中奔驰，犹如在画中行，一点也不觉得枯燥。在白宫和国会前的草坪上，小松鼠自由自在地跳来跳去；在纽约曼哈顿的大街上，鸽子在人们面前飞来飞去，人与自然一派和谐。

在美国首都华盛顿白宫外

加州著名的美国一号公路上有一段叫十七里湾，一边是修剪干净的高尔夫球场，据说老虎伍兹曾经在这里夺得过美国高尔夫公开赛冠军；一边是气势磅礴、蜿蜒曲折的太平洋海岸，碧海蓝天，阳光明媚，鲜花灿烂，礁石奇特，随处可见的松鼠、海鸟以及海滩上成群的海豹，构成一幅迷人的画卷。

卡梅尔小镇距十七里湾两千米，是一个海滨文艺小镇，也是一个著名的旅游景点。小镇建于 20 世纪初，是一座人文荟萃、艺术家聚集、充满波西米亚风味的小镇。早期居住者中 90% 是专业艺术家，1969 年中国著名国画大师张大千曾居住在此，迄今为止只有 4000 多名居民。虽然已有一百多年，但这里风采依旧，以优美的自然环境和优雅的艺术氛围成为加州黄金海岸公路边的一大亮点。我们漫步街头，看到依山而建的奇特建筑，景色优美得如童话一般。街上有各种各样的时装店、古董店、画廊、玩具店，但镇区内禁止张贴广告，也不准装霓虹灯，更不准盖快餐店，为的是维护其宁静的原貌，它没有大都市的喧闹，以原始的风情给人朴实、祥和与温馨。

美国的荒漠地区主要在西南部，占国土面积的 30%，其中内华达州是一个荒漠面积比重较大的地区，著名的赌城拉斯维加斯就建在该州的沙漠深处。从洛杉矶到拉斯维加斯再到大峡谷，几十年前还是干旱的不毛之地，人迹罕至，如今虽然还会时露黄沙，但生长着大片大片的植物，高低错落的山丘上生长着飞播的灌木丛和各种小草。

汽车行进中风在刮而没有刮起土，飞播长成的沙生植物有效地发挥着作用，沙丘已不再流动，飞沙难以形成，天空湛蓝，视野开阔，一天下来车子依旧干干净净。据导游介绍，那是一种叫约书亚的沙漠植物，有的已长到两米多高。两旁的沙地也都用围栏围封，没有放牧的迹象。据了解，美国治理沙漠主要是政府坚持不懈地加大投入，制定法律保护现有土地不被沙漠化，同时鼓励移民绿化荒漠化的土地。为解决沙漠缺水问题，20 世纪 30 年代，美国政府花巨资修建了闻名世界的胡佛水坝，保证了加利福尼亚州和亚利桑那州沙漠地带 70 万公顷土地获得可靠的灌溉水源和几千万人的生活用水。

美国政府还对愿意移民沙漠地区的人提供房屋、汽车等基本生活生存用品。经过反复试种改进，培育出一批生命力极强的抗干旱植物，用飞机把它们的种子撒到沙漠里，其中就包括从我国引进的骆驼刺和前面提到的从非洲引进的约书亚。

美国为什么禁不了枪

美国枪支泛滥，枪击案频发在全世界是出了名的。据英国《卫报》去年 10 月份公布的一项统计结果，美国人拥有枪支 2.65 亿支，基本上每位成年人都有 1 支枪。2017 年美国 1.5 万人死于枪击，另有 22 万人使用枪支自杀。我们在美国旅游的短短半月时间就发生了两起枪击案。为了避免大规模枪击事件重演，禁止携带枪支的示威游行从来没有停止过，然而究竟为何美国政府无法禁止携带枪支呢？在美期间，笔者就此问题与一些美籍华人进行探讨：

一、和美国宪法有关。1791年美国通过的宪法第二修正案规定："不得干涉人民拥有携带武器的权利。"因此任何枪支管理法案，在某种意义上都是对上述权利的限制，是和根本大法精神相悖的。

二、由于历史原因，美国形成了根深蒂固的枪支文化，第一批到达北美大陆的欧洲移民正是依靠枪械才得以在这片土地落地生根的。在野兽和印第安人的包围中，武器成为每个人安身立命的工具。在独立战争中，各州也都是依靠拥有武器的民兵和平民与英军作战，才赢得了最后的胜利。

现在美国除了主要城市以外，还有相当一部分居民居住在远郊或人口相对稀少的乡村，有些地方可能开车半小时也见不到一个人。如果发生紧急事故，如小偷闯入或是遭受野生动物袭击，枪械就成了保护自身及家人安全的有效工具，因此美国人民对于拥枪政策一直保持一定的支持率。据有关资料显示，2017年4月的全国民调中，支持拥枪的是47%，而支持控枪的是51%，相差只有4个百分点。值得注意的是，拥枪支持率已经从20世纪90年代初期的30%上升到近期的近5成。如果民众认为大规模扫射事件仍会再度发生，必须拥枪自卫，则拥枪的支持率还有可能上升。

三、与利益集团在美国政治中扮演的特殊角色有关。全美步枪协会一直以来都反对枪支管制，这个协会有500多万会员，自称是美国历史最悠久、规模最大的民权维护组织，其拥有大量资金，常以高额的政治捐献左右部分选举。在美国国会选举中，它要求给每一位候选人评分，标准就是是否支持枪支拥有，并将会员的评分汇总出版成《投票指南》，以反对枪支管制的拥护者。2012年，当他们得知科罗拉多州的民主党议员试图推动枪支管制法案时，就投入大笔资金打选战，最后让两名议员失去了饭碗。过去数十年，步枪协会每年都在各类媒体公开支持反枪支管理的总统，历史上有8位美国总统本身就是其会员。只要他们在枪支管理上多行一步，就会失去大量选票。所以从政治角度来看，政治人物与利益集团的相互利用，才是美国禁不了枪的主要原因。

2018年1月16日《平顶山日报》

心路

赫斯特城堡的辉煌

　　在美国加利福尼亚州一号公路边的圣西蒙，有一个规模宏大造型古典气派的城堡。它原来的主人叫威廉·伦道夫·赫斯特，他生前是美国二三十年代传媒大亨，城堡的土地是从他父亲处继承来的，当时周边面积达一千多平方千米，足见其家族之富有。

　　2017年11月2日我们沿着海边公路到这里参观游览，城堡建在山上，山下有一个设施齐全的游客中心，我们从这里乘坐统一的游览车，沿着蜿蜒的山路盘旋而上。路上可看到连绵起伏的牧场和不远处浩瀚无边的大海，城堡耸立在山顶之上，显得恢宏大气。这是一座地中海复兴式庄园，由旧金山女建筑师茉莉亚摩根精心设计。边设计边施工，边修改边扩建，历时28年，直到赫斯特去世还没有完全完工。古堡的主楼为西班牙式建筑风格的地中海式双塔城堡，整栋房子采用钢筋混凝土结构，占地6300平方米，共有115个房间，其中有38间卧室、1个图书馆、1个厨房、1个电影放映厅。室内都陈列着价值连城的艺术收藏品，有出自法国路易十五国王珍藏的巨幅壁毯挂画，有来自欧洲贵族城堡中几百年前的天花油画，有从意大利古老教堂搬来的座椅，也有收购来的古希腊的花瓶，可以说这里随处一个摆件一个饰物都有它不凡的来历和不菲的价值，整个城堡就是一座历史和艺术博物馆。

从主楼出来是一个广场也是观景平台，可以俯瞰广阔起伏的牧场、郁郁葱葱的树林、蜿蜒曲折的山道和巨大的花园。广场花园处有三栋独立的别墅，分别被命名为太阳房、山景房和海景房，都是主人招待贵宾的客房。这里鲜花盛开，树木茂盛，分布着不少具有特色的艺术雕像，沿着广场石阶向下就到了海神池，是以罗马神话中的海神命名的，也是整个城堡的点睛之处。神殿的正面摆放着一座 17 世纪的意大利海神雕像，另一面是仿古雅典的金字塔形楼，两侧环池的廊柱间镶嵌着意大利艺术家的浮雕作品。泳池四角立着法国艺术家反映爱神诞生的石雕群像，洁白的大理石雕像，浅绿的池底，在碧蓝的天空衬托下更显得美轮美奂，此情此景令人佩服城堡主人和设计者的匠心之处。

主楼的后面是室内游泳池，泳池长 25 米，水深 3 米。池底是熔入了真金的马赛克铺成的动物图案。池岸用纯金镶嵌，瓦蓝色的池壁配着金色的池顶再加上四周华丽的灯饰和大理石雕像，让人叹为观止，给我们留下极其奢华和富丽堂皇的深刻印象，也让人们看到了赫斯特往日的荣耀。斗转星移，物是人非，随着赫斯特的去世，古堡的辉煌也走到了尽头，他的后人因无力承担巨大的耗费和遗产税，把它捐给了加州政府，1958 年免费对外开放，参观者络绎不绝。

2018 年 3 月 1 日《平顶山晚报》

美丽姚庄行

在落凫山北麓的郏县堂街镇与宝丰县李庄乡之间，有一个充满浓郁伊斯兰风情的小镇——姚庄，它是平顶山市仅有的两个回族乡之一，也是一个年轻的乡镇，1985 年建乡，刚过而立之年。面积也不大，仅有 7.2 平方千米，辖 6 个行政村 14 个自然村，有 1 万多人口。它虽然小，但小得灵秀，像一颗晶莹的珍珠，镶嵌在平顶山与北汝河之间。它拥有多张耀眼的名片——"国家生态乡""国家卫生乡""全国特色景观名镇""全国民族团结进步创建活动示范单位""河南省文明村镇""中国少数民族特色村寨"……凡是去过姚庄的人都会说它很美。

春日里，阳光明媚，和风习习。我和几位老友相约到姚庄游览观光，心情无比舒畅。对这里我并不陌生，在郏县工作期间曾多次来此调研，也曾陪同慕名而来的客人来此饮茶。这里的地下水水质特好，煮出来的茶倒满碗而不溢出，千百年来人们保持着传统的饮茶习俗，因而催生了不少茶馆，吸引着十里八乡甚至百里之外的人前来饮茶。

相传 1000 多年前，北宋大文豪苏轼来此品茶，留下了"遂令色香味，一日备三绝"的佳句。他说的三绝即"茶绝、水绝、壶绝"。而三苏坟离此仅三十多千米，看来苏东坡到过这里是比较可信的。我在省质监局工作时，曾专门对这里的水做过化验，发现水中富含锶、锗、硒等 40 多种

姚庄民族文化广场

微量元素，为天然锶型矿泉水。

除此之外，这里森林覆盖率达 23%，空气中负氧离子浓度高达 3300 个／立方厘米，远远高于市区。PM2.5 浓度在 42 微克／立方米以下，全年空气质量优良天数达 256 天。这里还是有名的中原特色饮食文化之乡，清真美食 "金鸡、玉兔、红牛肉" 风味独特，近几年又开发了失传多年的 "牛头宴"。优美的自然环境、良好的空气、优质的饮用水和独具民族特色的美食，使这里成为名副其实的长寿之乡。

姚庄还有一绝——金镶玉。这种传统手工艺品起源于清代，距今已有 200 多年历史，是河南省非物质文化遗产。它以金银为饰品，把福、禄、寿、喜及名花异草、珍禽异兽等镶在瓷器上，栩栩如生。产品已走出国门远销各地，还曾作为礼品赠送给普京、连战等政要。

以前虽然多次到过姚庄，但都是来去匆匆，这次以一个旅游观光客

姚庄迎四方牌坊

的身份，上茶馆、入农家、逛伊斯兰风情街，慢慢地走，细细地看，才发现它的美韵。

姚庄之美，美在环境。一进入乡境就像行进在绿色的海洋中，新打造的生态廊道有 30 多米宽，十几千米长，环绕全乡各村。水泥路修到各家农户门前，到了晚上，215 盏太阳能路灯齐亮，民族文化广场上灯火通明。每逢节假日，人们载歌载舞，各种民俗表演不断，让人领略到回乡风情的独特韵味。迎四方牌坊、民族和谐牌坊、一字形牌坊，既体现了伊斯兰文化，又融入了现代建筑理念。在镇区三纵三横的大街上，在一定的时间段洒水车、清扫车、垃圾清运车来来往往，生活污水也得到了集中治理。这里村容村貌整洁，乡村道路宽畅，处处绿树成荫。

姚庄之美，美在厚重。这里历史悠久，有文化、有内涵。相传春秋时期，妙庄王三子妙三郎被郑国擒获后，在这里被火烧而殒，后建祭祀之庙，曰"三郎庙"，每年农历三月十五三郎祭日为古刹大会。由于天长日久，语改音转，后人把三郎庙叫作"乇郎庙"。这里还有一种只在回族群众间传承的心意六合拳，是清道光年间传入河南的，如今仍焕发着旺盛的生命力。此外，玉泉井、千年思乡槐、公元前 606 年楚庄王统兵讨伐叛将斗越椒的楚清河战役遗址……处处彰显着古朴、厚重。

姚庄之美，美在人心。做生意童叟无欺，做餐饮物美价廉，做食品注重质量，这里人心向善，人人好客。回汉民族共居，团结和睦相处，共建美好家园；各村的卫生由村干部带头义务打扫；公益助学、贫困群众居住环境改善由党员干部和社会贤达带头募捐；乡里通过开展十大道德模范、星级文明户、最美姚庄人的评选表彰活动，使崇尚文明、学习先进的氛围更加浓厚。淳朴的民风、良好的家风、文明的乡风让姚庄的文明程度不断提升。

展望未来，姚庄以打造全域休闲环境、发展全域休闲经济为目标，争创全国文明村镇、全国森林小镇……

回程时已是月上云端，我们一行人感慨多多。我想起朱自清的《春》："春天像刚落地的娃娃，从头到脚都是新的，它生长着。春天像小姑娘，花枝招展的，笑着、走着。春天像健壮的青年，有铁一般的胳膊和腰脚，领着我们上前去。"春天的姚庄正像刚落地的娃娃给人惊喜，让人期待，像花枝招展的小姑娘那样招人喜欢，像健壮的青年那样朝气蓬勃、生机无限……

2018 年 3 月 20 日《平顶山日报》

重访逍遥镇

季春的豫东平原，大地披绿，春意盎然。在一个风和日丽的日子，我来到中州十大名镇之一的周口市西华县逍遥镇参观考察。记得十五年前我刚到周口市工作，一位外地来访的客人点名要喝正宗的逍遥胡辣汤，我陪他前去逍遥镇。记忆犹新的是，客人一口气喝了七碗胡辣汤还意犹未尽，直呼过瘾。这次重访逍遥镇，想看看这十几年的变化，进一步探寻先后被评为"中华名小吃""中华老字号""河南非物质文化遗产"的逍遥胡辣汤的前世今生。

逍遥镇在西华县西部，距县城25千米，在漯河市东北30千米处。古镇历史悠久，距今已有2000多年，东汉建安时期名为"小陶"，后又称"小窑"。据传庄子曾游学于此，写下了名篇《逍遥游》，今天逍遥镇东3千米处的庄铺村旁有庄子墓。宋末在此设清水县衙，明清时期逍遥镇成为连接沙河上下游的重要商埠，与漯河、周口、界首并称沙河四大码头。清代在此做官的知县王震寰有感于舟楫云集、商业繁荣的景象，曾留下了"百业兴旺数小窑，官顺民安世称道。天时地利遂人愿，任职四载乐逍遥"的诗句，逍遥镇因此得名并沿用至今。

使逍遥镇闻名遐迩的是发祥于此的中华名小吃胡辣汤。传统的逍遥镇胡辣汤是由铁锅熬制五六个小时后由大铜锅盛装，嵌在一辆红色的推车上

在逍遥镇胡辣汤店前

（或挑担上），下面用炭火煨着，卖汤人素衣白帽，手持一把大木勺，在汤锅里一翻一搅，一碗热气腾腾、飘香四溢的胡辣汤便盛好递到了客人手中。技艺高超的卖汤人拿碗盛汤如同变戏法，手起汤落一碗汤即成，碗边不流半点汤汁。逍遥镇胡辣汤内有二十几种中药材，营养丰富，味道鲜美，并且根据气候变化调整辣味，天气越冷辣味越浓。我在省直工作时，亲见郑州顺河路上一家逍遥镇胡辣汤店客人排长队喝胡辣汤的场面，那里天天爆满。

在逍遥镇，几乎人人都能说得出胡辣汤的来历。北宋末年徽宗年间，御厨以少林醒酒汤和武当消食茶二方为基础，做出一种色、香、味俱佳的汤，该汤既消减了茶之苦味，又去掉了汤之辣味，且能提神醒酒、开胃健脾，奉与徽宗品尝，问之为何汤，御厨答：延年益寿汤。徽宗大喜，赐国姓于御厨。该汤在大宋宫内非常受欢迎，文武百官都以受到皇上赐汤为荣。相传有一年军中发生流行性疾病，皇上命太监将该汤秘方赠给军营熬制，军士饮后，疾病很快得到控制。后北宋遭遇靖康之乱，金兵攻破宋都开封，御厨赵杞因兵患南逃，途经逍遥镇，看到这里东门紧邻沙河，舟楫驰骋，西门近依颍河，自然天成，两河逶迤东流，镇中寨堡坚固，乃地灵水秀之地，决计隐居于此，以卖汤为生，延年益寿汤也随之落户于此。一天，一个外地客人不小心将自带的胡椒粉撒入汤锅，赵杞舍不得把汤倒掉，随手搅和一下盛给客人，客人喝罢连声称好，赵杞舀出一勺，辣香醇郁味鲜，原来汤中本就有干姜、良姜、肉桂、山柰等二十多种中药，辛辣味已够醇香，再加上胡椒的冲味，一下子把这种馥郁辛辣激活到极致。从此这延年益寿汤里又多了一味胡椒，客人只知道喝了通体舒坦，但品不出怎么个辣法，就叫它"胡辣汤"。为适应当地人的饮食习惯，后又加入了当地独有的淮山羊肉和黄花菜，并勾了面芡，形成了现在逍遥镇胡辣汤的雏形。到了明朝嘉靖年间，严嵩进京赶考路过逍遥镇，对这里胡辣汤的独特风味记忆犹新，成为朝廷阁老后便差人到逍遥镇聘请名厨进京，将熬制的汤献给嘉靖皇帝品尝，皇帝龙颜大悦，遂命名为御汤。

时光荏苒，斗转星移，随着沙颍河漕运的兴盛，逍遥镇成了重要的内陆水旱码头和八方商家的集散地，融合了南北风味的胡辣汤凭借南来北往的客商口口相传，名气越叫越响，成了中原名吃的重要品牌之一，因发祥于逍遥镇，所以统称逍遥胡辣汤。

再次来到逍遥镇，感觉已是今非昔比。原来沿街叫卖的小摊点全部进店经营，且家家生意红火，一片繁荣景象。特别是今年2月20日晚，《舌尖上的中国》第三季第二集播出之后，逍遥镇胡辣汤登上了高端纪录片的大雅之堂。节目拍摄点——河南省非遗项目逍遥胡辣汤代表性传承人高群生的店铺每天卖出100多桶5000多碗，日收入最多时8万多元，10多名工人日夜忙活，有不少人把胡辣汤装进暖瓶快递到北京、广州、郑州等地。他一家去年就用去暖瓶1.5万多个，据说还带活了邻省两个暖瓶生产厂家。如今在西华县，小小胡辣汤已经做成了大产业，全县近10万人3万多户从事胡辣汤经营及相关产业，遍布全国各大中城市，年收入达40多亿元。

近年来，一批有商业头脑的逍遥人，在食品研究部门专家的帮助下，利用现代技术，研制开发出了可进入商场、超市、高铁的方便胡辣汤系列产品，有方便胡辣汤调料、水冲式胡辣汤、胡辣汤全味粉等 8 大类 60 多个品种，规模较大的产业化龙头企业有 16 家。我参观的老杨家汤料厂从业人员 300 多人，年创产值近亿元。如今在逍遥镇建有大型超市 8 家，催生出物流企业 11 家，他们以汤带料，以料带动种养加工业，全镇从事优质小麦，无公害蔬菜，槐山羊、肉牛养殖以及酱油、香醋酿造等个体工商户 360 余家。相关产业的发展既帮助农民在家门口就业，又增加了农民收入，胡辣汤已经成为当地老百姓增收致富的主导产业。高群生靠胡辣汤产业盈利后盖起了 2 万多平方米的楼房，安排 300 多人就业，在全国发展连锁店数千家。

　　重游逍遥镇，我目睹了古镇的巨大变化，看到了特色产业、特色经济的巨大魅力，更看到了乡村振兴的希望所在。

2018 年 5 月 15 日《平顶山日报》

微山寻贤

　　知道微山湖还是小时候看电影《铁道游击队》，对这个美丽的地方向往已久，但此前却从未涉足。今年 4 月 17 日至 20 日，2018 年全国老年人持杖健走交流活动在微山湖中的微山岛举行，我有幸参赛，近距离了解这个钟灵毓秀、人文荟萃、自然风光秀丽的天人合一家园。

　　微山湖是我国北方最大的淡水湖泊，1200 平方千米水域，历史名胜、文化古迹众多，人杰地灵，物华天宝，素有日出斗金之盛誉。为了管理微山湖，1953 年 10 月专门设立了微山县，现属山东省济宁市管辖。微山岛位于微山湖东南部，岛屿面积 9.6 平方千米，岛上有 14 个行政村，1.5 万多人，现设微山岛镇。我们从微山县城乘车十分钟就到了码头，在轮渡上看微山湖如大海一样，烟波浩渺、苍茫的水面上，云影悠悠，水天一色。京杭大运河穿湖而过，纵贯南北。一艘艘货轮驶过，把两边一望无际的芦苇荡抛在身后。据说每年盛夏周围十几万亩野荷花盛开，蔚为壮观，可惜我们来的不是季节，无缘观看。

　　船行半个多小时就到了微山岛上。来自全国 20 多个省、自治区、直辖市的 300 多名老年体育爱好者疾步走在新修的湖滨大道上。阳光和煦，春风扑面，尽情享受健走的快乐，处处感受悠久历史文化的熏陶。

　　走进微山岛，每一处风光里都飘浮着文化气息，在众多的历史文化遗址中，最负盛名的当属"三贤墓"：殷微子启墓、春秋目夷墓和汉张良墓。

　　微子名启，是殷代帝乙长子，他非圣非皇，有关他的情况介绍也有多个版本，但在微山一带他的影响却很大，他死后葬在这里，微山、微山湖、微山岛皆因他而得名。过去我们对他的了解不多，有关他的资料又很有限。但人们对与他有关的两个亲人和后人的情况却耳熟能详，一个是他的第十九代孙孔子，一个是他的亲弟弟帝辛，就是后来的殷纣王。因为他的母亲生微子时还没被扶正，身份是妾，所以被正室规则挡在门外，没有接上班。而他的弟弟殷纣王即位后暴虐无道、沉湎女色、肉林酒池，这些我们在《封神演义》里可以看到。《史记》记载：面对弟弟的种种不道义行为，微子数谏，纣不听，微子无能为力只好隐居起来。多行不义必自毙，经历了 17 代 31 位商王，拥有 600 年基业的殷商王朝被周武王所灭。微子启袒露上身，双手捆缚背后，跪地前行，左边有人牵羊，右边有人持矛，向武王请罪，周武王很受感动"乃释其缚，复其位如故"，仍为卿士。周武王灭商后采取以商治商的办法，封商纣王的儿子武庚于殷，以奉其宗祀，治理殷商的遗民，周武王死后，武庚叛乱被周公平叛杀死，取消了武庚的商人大宗地位，由微子启接任。约公元前 1063 年，周公旦以成王命封微子启国于宋（今商丘），宋国是周王朝的异姓诸侯国，微子启成为宋国的国君和始祖。他率领宋国人恢复生产建设家园，宋国很快出现了安居乐业的良好局面。在微山岛西偏南 6 千米处是古留邑，是宋国的附邑，也是当时殷商遗民的主要居住区。微子启常来往于宋都与留邑之间，去世后他的后人把他葬在微山上，就是今天的微山岛西峰的凤凰台上。尽管在山西、河南其他地方还有多处微子启墓，但微山人确信凤凰台上埋葬的就是他们的先人微子启。在微山一带流传着微子启死后葬在这里的故事，当时不少殷商后裔，沿用殷或商为自己的姓氏，今天的微山岛上 1.5 万人中殷姓就有超万人，在微山境内还有不少宋姓，他们是宋国的遗民尊国为姓，殷氏宋氏都自称是微子启的后人，原来都是一家，至今还保留着殷宋不通婚的习俗。在微山微子启墓园里立着"宋氏始祖微子墓"碑，碑记中明确写着"微子启宋公乃宋氏之始祖"。

孔子是殷微子的第十九代孙，《史记索隐》中称"孔子宋微子之后"，在微子墓碑碑文中也有明确记载，孔子的后人也都确认。余秋雨在《寻找真实的孔子》一书中讲道：孔子的先人是殷商王朝的王室成员微子，他的墓就在微山湖上，他在殷王朝向周王朝转化过程中起过重要作用，受到周王朝重用，被周成王封为宋国的国君，在现在河南商丘一带，孔子说自己是殷人之后，是和微子这个祖先有关的。孔子是至圣先师，"仁"是孔子思想的核心，孔子对他的祖先微子启的评价正是一个"仁"字。他说："殷有三仁焉。"三仁之首就是微子启，另两位是比干和箕子，他们都曾为了社稷冒着生命危险多次进谏纣王。比干为此还落了个被剖心的下场。

春秋君子目夷，是殷微子的第十七世孙，宋襄公的庶兄。襄公即位目夷为左师，兄弟二人"性仁爱""留贤德"使国家昌盛，在公元前638年宋国与楚国的泓水之战中，由于襄公不听目夷劝说，一再错失战机，被楚军渡水后打败，为历史留下叹息，宋襄公被毛泽东讥讽为"蠢猪式的仁义道德"。目夷因崇拜先贤微子，死后便葬在微山微子墓东，如今的微子文化苑崇德阁前。

在微山岛上长眠的另一个贤者是汉留侯张良。这位运筹于帷幄之中、决胜于千里之外的汉初三杰之一，在以出色的智谋协助刘邦在楚汉战争中最终夺得天下、建立汉朝后，深悟"狡兔死，走狗烹，飞鸟尽，良弓藏，敌国破，谋臣亡"的哲理，辞官归隐，在封地留城寿终正寝，成为功成身退的典型，而留城就在微山岛西南的微山湖里。张良墓在微山岛南鹿墓前村旁的微山湖文化园内左前方，墓下方上圆，高约15米，长、宽约百余米，墓园内古柏郁郁葱葱，墓前立张良铸像一尊，简介中写道：

张良，字子房，颖川城父人……我告诉当地的工作人员：据唐《史记索隐》记载"城父在郏城县东三十里"，在 1980 年版的《辞海》里也写着：张良今河南郏县东人。我曾在郏县工作过，今天的郏县李口乡张店村就是张良故里。并建议微山、郏县两地要多联系、多交流，共同为研究张良而努力。

微山岛还是著名的抗日根据地，是铁道游击队、微湖大队运河支队等革命武装的摇篮。我们去参观的铁道游击队纪念园和微山湖抗日游击队纪念碑现在已成为著名的红色旅游景点和爱国主义教育基地。

微山湖是大美之湖，微山岛是仁德之岛。悠久的历史，厚重的文化底蕴，造就和养育了众多勤劳善良的英雄儿女和志士贤达。此次微山之行不仅锻炼了身体，观赏了美景，听到了不少故事，感受了微山先贤文化的魅力，"见贤思齐"更增加了对仁者的慕对贤者的爱和对智者的尊。

历史记忆

回忆高楼菜场

平顶山建市之初，矿工和城市居民吃菜主要靠当地农民自产自销。1958年五矿建成投产，焦化厂、落凫山矿（一矿西斜井）、六矿、十二矿、九矿、十矿、马道矿、十一矿、高庄一矿先后动工，平顶山至韩梁矿区铁路、白龟山水库也先后开始兴建，全市总人口已达22万。随着城市规模的扩大和建设速度的加快，不断增加的城市人口使吃菜成了个大问题。为了保证矿工和城市居民的蔬菜供应，市里决定成立市商业局国营高楼菜场。场部设在高楼村（今湛河区轻工路街道办事处高楼村），范围包括高楼、召村、周庄、黄庄、统张、张庄6个村。第二批又把柏楼、前城、后城、小营、沙王、牛楼、魏庄、董庄划归菜场，共计14个自然村，2.2万亩土地。菜场作为全市蔬菜专业化生产基地，由市商业局直接领导，对菜农供应口粮、发放工资，生产的蔬菜统一调配。市商业局委派干部成立了菜场的领导班子，抽调管理人员参与菜场建设，迅速开展工作。高楼村也腾出部分民房供场部办公使用。当时正值全国轰轰烈烈的"大跃进"、人民公社化高潮，菜场建场之初就取消了家庭炉灶，建立了公共食堂，一般是一村一个，所有人员一律在大食堂就餐。对男女青壮年劳力实行军事化管理，一般一村为一个营，下边设连、排，由场部根据需要统一指挥、统一调动、搞大兵团作战。首先是大搞以挖井修渠为主的水利建设。因为没有机械，挖井全靠人工，先在上边挖开一个大坑，越往下挖口径越小，人们一锨一锨地把挖出来的土往上翻，直到挖出泉眼，再用石头把挖好的井圈起来，最后把挖出来的土回填，一眼井才算挖成了。修水渠的任务一般由青壮年妇女劳力承担，寒冬腊月天不少人还穿着单衣挖土抬土，有时为了赶工期还要挑灯夜战，她们累得腰疼肩膀肿，甚至病了也难得休息，那种冲天的干劲和劳动热情是我亲眼所见，凡是经历过的人都终生难忘。抽水浇地开始用辘轳提，后来菜场给各村安装上了水车，可以用牛或驴拉水车，多数情况下还是靠人推，特别是一到晚上，经常可以听到嗒嗒嗒的水车响声。直到有了机械，开始是蒸汽机，后来有了柴油机用来抽水浇地才解放了劳动力，提高了生产效率。经过几年的努力，大部分菜地实现了旱能浇、涝能排，为蔬菜基地的建设打下了良好的基础，不少水利设施（主要是水渠，因为水井后来都打了深水机井）一直到 20 世纪七八十年代还在发挥作用。

当时广大农村地区还没有用上电。1959 年菜场购回发电机组自办电力，用柴油机带动发电机发电，"电厂"就设在高楼村一户景姓村民的房子里。首先是菜场场部和周围的村子用上了电，老百姓结束了点油灯照明的那一刻欢呼雀跃，对实现楼上楼下、电灯电话的美好生活充满了憧憬。

在蔬菜种植方面，菜场充分发挥了一大二公的优越性，实行集中连片种植，一个品种一种就是上百亩，甚至几百亩，这样便于加强田间管理，加上水肥比较充足，蔬菜连年丰收，产量不断提高，每年都生产1000 多万千克蔬菜供应市场，有力地保证了城市居民和煤矿职工的生活需要。当时大面积种植的都是大路菜，如白菜、白萝卜、红萝卜、大葱、辣椒、茄子、黄瓜、南瓜、冬瓜、豆角、菠菜、芹菜、韭菜、大蒜等。并且开始引种西红柿，老百姓开始叫它洋柿子，后来才知道叫番茄。由于南瓜、红萝卜可以代替主食充饥，在国民经济困难时期，菜场的老百姓挨饿相对较少。有一段时间，一到下午，从城里来了一批又一批骑着自行车的人，到地里捡剩下的小胡萝卜和菜叶回去充饥。

为了解决适龄儿童入学问题，菜场办起了小学，名字就叫"商业局国营菜场职工子弟学校"，校址在黄庄村。为支持办学校，黄庄村的村民全体搬到张庄村居住，商业局抽调人员到学校任教。学生实行集体生活，统一在校吃住，早上出操，晚上自习。我本人当时就是该校一名小学生。学校还办起了校办工厂，养了不少兔子，购置了体育器材，还组团参加了 1959 年市里的国庆体育运动会。学校还成立了文艺宣传队，不定期地到场部汇报演出。同时菜场还办起了托儿所、幼儿园，园址在统张，学龄前小孩都送到幼儿园，使家长可以安心地昼夜奋战在生产一线。菜场还在各村办起了扫盲班，帮助年轻农民学文化，因为是在晚上学习因此又叫夜校。教员由学校的部分老师和场部的干部担任。父母一辈人认识的文字绝大部分都是那时上夜校学来的。

为了解决当时农村缺医少药的难题，市商业局派来了一名医生、一名护士，成立了菜场卫生所，地点就在高楼村东头一所民房里，做到了小病不出场，深受农民欢迎。有一次统张村一名村民得了重病在市里住院，菜场组织青壮年献血，挽救了这位村民的生命。

为了解决生产出来的蔬菜运输问题，菜场成立了专门的马车队，大量的蔬菜就是靠马车、牛车（后来又有了架子车）源源不断地送到城市。当时实行的政策是统购定销超产超收，生产出来的蔬菜按照蔬菜公司的计划直接送到菜站或供应点上，有时也直接送到煤矿的职工食堂。

菜场从场部到各村架起了电话线和广播线路，场部领导经常用电话联系各村，也经常在广播上讲话，并且有专门的电工和维修人员。广播上还经常播放一些戏曲，都是名家唱段，老百姓一边在大食堂吃饭一边听戏，其乐融融。菜场的领导和机关干部坚持与菜农一起吃大食堂、一起参加劳动，还经常到农户家里走访慰问，与大家结下了深厚的友谊和感情。

国营高楼菜场的建立是平顶山矿区建设的需要，也是计划经济和"大跃进"的产物。在城市近郊建立一个专业化的蔬菜生产基地，能够保证蔬菜种植面积的落实，基本满足矿工和城市居民的鲜菜供应，做到了旺季不烂、淡季不淡。特别是在国民经济三年困难时期，粮食供应紧张，城市居民实行"低标准、瓜菜代"，菜场生产了大批的南瓜、胡萝卜等蔬菜，帮助不少人度过了饥荒。为了服务新兴煤城的建设，市商业局和菜场的干部职工，特别是广大菜农付出了辛勤的汗水，做出了巨大的贡献，历史将铭记他们。

1962年6月，市商业局国营高楼菜场解散，成立高楼人民公社，恢复集体所有制，划归郊区领导。

2016年8月16日《平顶山日报》

"三夏"变迁

从小生长在农村，又长期在农村工作，对"三夏"的变迁感受很深。

20 世纪 70 年代以前，我们实行的还是计划经济和人民公社体制。每年到了麦收季节，县、公社（乡）、大队（村）都要成立"三夏"指挥部。把"三夏"当成一场战役、一场硬仗来打。当时的"三夏"是指夏收、夏种和夏征（夏粮征购）。夏收在中原地区也主要是指小麦收割。因为其他作物如大麦、油菜种植面积较小，成熟期又早，5 月底已收打完毕。进入 6 月小麦大面积成熟，那时候基本没有什么机械，全靠人力收割，天还不亮，生产队的钟声就响了，男女老少齐上阵，手握镰刀割麦忙，嚓、嚓、嚓的声音伴随着鸟叫在大地回响，身后是一堆堆割倒的麦子。割麦的姿势不是蹲着就是弯着腰，半天下来已累得腰酸腿痛，那滋味只有亲身参与才能感受到。麦子割倒后生产队用牛车、架子车一车一车拉回到打麦场里。因为要抢种加上怕下雨，只好先把麦子垛起来。打麦垛既是力气活又要有技巧。只有棒劳力才能胜任。打垛时用桑杈把成摞的麦子扎住，一只手放在杈的中间当支点，另一个手按住杈把尾，用脚一蹬杈把麦子高高举起送到垛上，随着麦垛越来越高，人们要助跑把麦子送到垛顶。麦垛打好后并不急于打场脱粒，而是全力以赴抢种，也就是"三夏"中的夏种。记得当时常讲的一句话是"春争日、夏争时、五黄六月争回楼"。主要是种玉米、红薯和豆子。这些秋作物要尽早种，种晚了会影响产量。如果天公不作美还要抗旱抢种，一般要到6月下旬才能完成夏收、夏种任务。其间还要打场脱粒。打场主要靠牛拉着碌子，后面带上一个耢子，中间要翻几次才能打净，一般一天只能打一两个场。麦子经碾压之后，把长麦秸用桑杈挑走后，把包含麦粒的碎屑堆成"稳堆"，到傍晚有风时开始扬场。扬场是技术活，要靠有经验的老农操锨，要迎着微风用木掀把带糠的麦子一锨一锨地高高扬起，糠顺风吹走；另外一个打落子的人把留在麦粒上的糠扫到两边，剩下的就是金灿灿的麦粒啦！

　　如果遇上下雨还要把麦垛上的麦子摊在场里晒晒再打，有些时候遇上阴雨连绵天气，麦子在场里就生了芽，用这种麦子做饭吃起来黏黏的，很不好吃。有时直到6月底场里的麦子还没打完。20世纪60年代末70年代初有了脱粒机，有的生产队买了手扶拖拉机，打场的进度才大大加快。麦子脱粒后，麦秸就打成垛。一般麦秸垛都是圆形的，下边小些、中间大、上边小，像个馒头，也有长方形的。垛好后上边要撒上麦糠，再用泥巴糊上，主要是防止雨水渗透进麦秸垛。那个时候麦秸是喂牛的主要饲料，铡了用来喂牛还能溜出少许麦子，时不时还能给各户分上几斤铡草麦。当时不用秸秆禁烧，老百姓连犁地出的麦茬都捡回家烧火用，更不用说珍贵的麦秸啦！一到麦收，县、乡、村干部特别是公安人员的一项主要任务是麦场防火。各家各户要把水缸抬到麦场里，放到周边盛满水，放上桶和盆，这就是主要的防火工具。在麦场是绝对不允许吸烟的，也不允许带火柴打火机进场。各级干部下去检查麦场防火也主要是看有没有防火工具和吸过烟的痕迹。

　　在麦忙天生产队一般要安排专人到地里送水供人们喝。开始是送井里打出来的凉水，后来送开水，也有的生产队买来"二花"、甘草煮成甘秸汤送到地头，喝起来既防暑又解渴。

那时候种的小麦品种也不断更换，不少大队还建起了科研站，主要是对引进的品种试种、提纯复壮。有些品种不抗倒伏，有的怕干热风。5月下旬一场大风或大雨造成小麦大面积倒伏，严重减产。60年代小麦亩产一般200～300斤，70年代好的地块也就500多斤。生产队打下的麦子晒干扬净后第一件事是交公粮，完成夏粮征购任务，也就是"三夏"中的夏征。每到开磅时各队架子车、牛车、拖拉机大车小车拉着麦子送到周围的粮库。那场面着实壮观，农民兄弟宁肯自己每天只吃七大两（即每天的口粮标准）也要完成皇粮国税，支援国家建设，支援城市工人老大哥。

进入20世纪80年代，随着以大包干为主要形式的联产承包责任制的实施和良种的大面积推广，农民科学种田的积极性空前高涨，小麦亩产逐年提高，不少地方突破了千斤。国家出台了一系列惠农政策，农业机械化程度大大提高。大型收割机、联合收割机基本普及，除山区和一些小片地块外，已很难看到挥镰收割的场面。打麦场不见了，麦秸垛也没有了。麦收季节农民们把啤酒、饮料带到地头，再也看不到喝"井拔凉"水的了。国家先后取消了粮食统购统销政策和农业税，夏粮由征购改为收购。并且还实行了保护价。农民把多余的粮食卖给国家后家家户户还有存粮，过去已好长时间不用的盛粮用的芡子也派上了用场。改革开放三十多年的巨大变化，从"三夏"的变迁中可见一斑。

2016年9月13日《平顶山日报》

童年趣事

我的童年是在乡村度过的。20世纪50年代初翻身农民积极性空前高涨，互助组、初级社、高级社如火如荼，给我们这代生在新社会长在红旗下的少年留下许多美好的记忆。

有一年村头立了一根电线杆，上面安了个小匣子，每到晚上，小匣子里都播放戏曲，有豫剧、曲剧，还有越调，人们不出村就能听到众多名家唱段，一个个乐开了怀。一到广播时间，大家就端着饭碗带上小凳子齐集村头，边听戏边吃饭。广播信号从县里到乡里再到村里已经很弱，声音不大，这时候大人就不让小孩儿在广播下喝面条，怕发出的声音影响别人听戏，有时候声音实在太小了，大人们就用水浇浇地线使声音变大些，或者干脆让小孩尿到地线上。夏天里广播放到什么时间，人们就听到什么时间，从不早退。大人们听得津津有味，孩子们早已睡倒一地，那场面很是和谐。

因离县城较远，村里人买东西大多靠货郎送货上门。只要一听到手摇鼓声，大姑娘、小媳妇和看热闹的孩子便蜂拥而至，有的用头发换针线，有的买个别针、梳子、镜子，孩子们则闹着让大人给买个糖块。那时候吃盐很紧张，要靠卖盐郎挑到村头，并且多是大颗粒青盐，没有粉碎也没加碘。一般是用鸡蛋换盐，叫"鸡蛋换盐，两不找钱"，换回的盐用一个罐子装起来像宝贝一样存放。只有家里来了客人或是逢年过节、红白大事才舍得吃，平时则是用筷子在盐罐里蘸一蘸，象征性地吃一点。到村里卖油的卖油郎是敲梆子叫卖的。因为吃油对一般人家来说是一件很奢侈的事，所以买家不多，因此就有了"光敲梆子不卖油"的说法。

那时候做饭都烧柴火，秋收过后把秸秆垛起来供全年做饭用，如不够还要拾柴烧。烧柴火离不了风箱，拉起风箱火呼呼地烧起来，火苗旺，烧得又透。后来随着平顶山煤矿的开发，柴火改成了烧煤，每家每户盘一个烧煤灶，做饭时打开，不用时封住，虽然粉尘很大，但做饭方便，风箱也就慢慢退出了历史舞台，至于修风箱的匠人，也早已没了踪迹。

童年时期的娱乐活动也丰富多彩。夏天烈日炎炎、骄阳似火，坑塘戏水就成了一项重要活动。自由泳叫狗刨，潜水叫扎猛子，仰泳叫鸭鸭浮，还有一种叫踩水，一只手举出水面，用双脚在水下来回活动掌握平衡，水性好的可以一只手举着衣服游到对岸而衣服不湿，也有的一个猛子下去十几米才出水面，不少农村出来的孩子多是在家乡的坑塘里学会游泳的。夏天的另一项活动是捉知了。一根长长的竹竿，在顶端用马尾拴一个活圈，看到知了后慢慢地靠上去套住，一中午能捉上十好几只。冬天白雪皑皑、天寒地冻，老人们会在草屋里点上一堆火，一群人边烤火边听故事。云天雾地，天南海北，有讲杨家将的，有讲隋唐演义的，有讲岳飞精忠报国的。不多的历史知识多是看古装戏学到的。讲的人慷慨激昂，听的人津津有味。淳朴的中国农民就是用这种简单直接的方式传承着祖宗的文化。

夜色降临，一群人会齐集村头，向北遥望，只见平顶山下繁星点点，一盏、两盏、一片、两片，然后是万盏灯火照耀着十里矿区，一座中华人民共和国的煤城在快速成长，这片片灯光成了我们这群少年的希望之光，它召唤着我们、吸引着我们走向城市、走向未来，去实现自己的梦想。

2016 年 11 月 15 日《平顶山日报》

回忆李讷同志访鹰城

（一）

1996年4月29日，我接到通知，让我到临颖县去接一批客人到平顶山考察访问。接到通知后我立即对接待工作做了具体安排，午饭后带上市接待办的中巴车赶赴临颖县，三点左右到了临颖县南街村宾馆。先见到南街村党委书记王宏斌同志，他把我领到会客室见到了从北京来的客人。其中一位中年妇女穿着十分朴素，上身穿着一件浅灰色上衣，下身穿蓝士林布裤子，平底大口布鞋，戴着眼镜。王宏斌书记介绍说："这是李讷同志，毛主席的女儿！"我是从小唱着《东方红》歌曲长大的，对毛主席充满了崇敬之情，当第一次见到他老人家的后人时，自然十分激动，握着李讷伸过来的手，自我介绍说："我是平顶山市委常委、秘书长高德领，受市委、市政府领导委托，代表平顶山市500多万人民前来迎接你到我市考察。"寒暄之后李讷向我介绍了随行的其他客人：李讷同志的丈夫王景清同志，毛主席生前机要秘书张玉凤同志和中央办公厅警卫局的工作人员。张玉凤同志的爱人刘爱民同志已先期到达平顶山轨枕厂检查工作，随后将与她们会合。李讷同志说：她们此行是寻觅毛主席的足迹，凡是主席生前去过的、批示过的地方，都想去看一看，重走主席走过的路，以此作为对老人家的怀念。随后，我们就一起乘车赶往襄城县（当时襄城县归平顶山市管辖）。在车上我向李讷一行简要介绍了平顶山市的基本情况，特别提到平顶山市是中华人民共和国成立后在毛主席等老一辈革命家关心关怀下建立起来的因煤而立、依煤而兴的新兴工业城市，下属的襄城县是毛主席曾经视察过的地方。1958年8月7日在中央召开郑州会议的前夕，毛主席冒着酷暑亲临双庙乡郝庄、三里庙乡后梁庄和十里铺乡小张庄视察，当他看到大片长势茂盛的烟田时称赞道："你们这里成了烟叶王国了！"在郝庄村，毛主席站在丰收的谷地里驻足远眺，他头戴草帽留下的那张珍贵的照片上了报纸和杂志的封面，被全国人民所知晓。

下午五时许，李讷一行来到襄城县参观毛主席视察襄城县纪念馆，受到闻讯赶来的数百名干部群众的热烈欢迎。李讷、张玉凤和在此迎候的县里领导一一握手问好，微笑着向两旁的群众挥手致意，看到老百姓如此热情，李讷也很激动，眼含泪光说："我们仅仅是主席的后人，人民群众是把对老人家的崇敬和热爱寄托到我们身上啊！"瞻仰毛主席塑像后，走进毛主席视察纪念馆，讲解员从当年毛主席莅临襄城视察的首幅照片开始，依次讲解当时情景，李讷、张玉凤等随着讲解员的解说指引，认真地听讲，仔细地看图片，面上露出欣慰的笑容。当李讷看到毛主席站在烟田边的照片时高兴地说："那时烟长得真高啊！"当毛主席接见一位小朋友的照片映入李讷眼帘时，她立即询问："这位小朋友现在在哪里？"时任王洛镇党委副书记的李八七迅速走上前去，紧紧握住李讷的双手说："我就是，我原名叫李深义，毛主席1958年8月7日接见后改名李八七，以这个幸福时刻易名作为纪念！"之后两人合影留念。李讷、张玉凤观看每幅照片都十分激动，充满深切思念之情。在纪念馆她们还观看了李先念、胡耀邦、胡乔木、朱镕基等党和国家领导人在不同时期到襄城县视察的照片以及襄城县烟草生产发展情况的图片和有关书刊。在纪念馆参观后县领导请她们留言以作纪念，李讷在留言时一边写

一边说:"我代表老王(指王景清)把他的名字也写上。"留言簿上出现:
李讷、王景清,一行毛体行书字。接着张玉凤在留言簿上写下:张玉凤、
刘爱民,丙子三月。这时纪念馆工作人员将她们围起来,纷纷拿出日记
本请求签名,均如愿以偿。当张玉凤准备离开纪念馆时,被匆匆赶来的
县烟草公司一名女职工拦住,以期待的眼光看着张玉凤请求说:"张秘
书,也给我签个名吧!"张接过本子问:"你叫什么名字?"答:"扬好
妮。"张说这个名字好,说着即题:扬好妮留念,丙子三月。

　　接着李讷、张玉凤等人又到纪念馆后边,参观了毛主席当年视察过
的水井和水车,浏览了纪念馆内的景物之后,走到南屋休息座谈。1958
年任襄城县县长的张庆雯介绍了毛主席接见他时的情景,当介绍到他见
到毛主席时因为太激动握住毛主席的手两三分钟才松开时,李讷欢喜的
脸上留下了晶莹的泪珠。听完介绍李讷对张庆雯说:"你讲得很感人,谢
谢你!"室内座谈气氛亲切,室外人们怀着对毛主席的怀念之情,都想
一瞻他女儿的风采,把屋门、窗前围得不透风,不时地还有人在议论着
李讷长得像其父或是其母,更多的人说她宽额方脸,看脸庞真像主席。
见大家意犹未尽,随行的中央办公厅保卫局的同志说:"老李,时间不早
了,咱们还要到市里去,座谈到此结束吧!"她这才怀着惜别之情,依
依不舍地说:"好,咱们走吧!"李讷、张玉凤一行从休息室出来,与县
里负责同志在毛主席塑像前合影然后离开襄城县。

　　当晚回到平顶山市区,下榻平顶山宾馆南楼,李讷一行受到早已等
候在此的市四大班子领导的热烈欢迎。当时第二届中国曲艺节结束不久,
南楼刚刚装修一新,李讷见状一再说:我们只是普通客人,接待方面一
定不要搞什么特殊,一切从简。

(二)

　　1996年4月30日上午,我陪同李讷一行到郏县广阔天地乡参观考

1996 年 4 月 30 日和李讷夫妇在平顶山宾馆

察。因为我在郏县做过县委书记，对有关情况还算熟悉。在路上就主动
当起讲解员，边走边介绍情况。1955 年冬正在运筹中国农业全面合作化
的毛泽东主席，在案头看到了一本《互助合作》的小册子，这是由当时许
昌地委上报给中共七届六中全会的经验报告，其中有一篇《在一个乡里
进行合作化规划的经验报告》，报告中提到郏县大李庄乡有 7 个没升学的
中学生和 25 个高小毕业生，在办社过程中把两个中学生分到老社，其余
的全部分配到 7 个"架子社"（正在筹建中的合作社）中去，以便解决会
计和记工员不够的困难，毛主席对此发生了兴趣，展手挥笔草体竖行写
下了影响深远的"本书编者按：这也是一篇好文章，可作各地参考。其
中提到组织中学生和高小毕业生参加合作化的工作值得特别注意，一切
可以到农村中去工作的这样的知识分子，应当高兴地到那里去。农村是
一个广阔的天地，在那里是可以大有作为的。"10 多年后毛主席这一批
示成为知识青年政策性经典语录。1968 年 7 月 15 日，郏县广阔天地大

有作为人民公社成立，成为全国名字最长的人民公社。特殊的地位，特殊的名字使其名气一度盖过郏县，当时外面很多人即使不知道郏县也熟知"广阔天地大有作为人民公社"。1968年8月24日，首批71名郑州知识青年到此下乡插队，锻炼成长，随后又有许昌、北京等地800多名城市知青陆续来到这里，其中仅郑州第二砂轮厂就有230多名子弟来这里插队落户。还有4名女知青和当地农民结了婚，把家安在了广阔天地，直到1980年最后一批知识青年离开郏县，广阔天地大有作为人民公社又改回原来的大李庄乡。我到郏县工作后，考虑到广阔天地已经成为一种宝贵资产和郏县响亮的名片，就提议并主持会议研究后报上级民政部门批准又更名为现在的"广阔天地乡"。1993年8月24日，在河南省首批知识青年下乡25周年纪念日时，在这里隆重集会庆贺广阔天地乡揭牌，薛喜梅、程红等一批当年知青代表，还专程赶回来参加。当时我已调平顶山市委工作，也陪同时任市长王全书同志参加会议并为其揭牌。就这样我一边介绍她们一边询问，一会儿就到了目的地。

上午10时许，李讷一行来到广阔天地乡机关大院，早已等候在此的县、乡领导和当年的回乡、下乡知青代表像见到久别的亲人一样欢迎她们到来。先到机关大门口毛主席批示手迹牌前驻足观看，李讷说："这是父亲的字！"当卢忠阳拿出毛泽东手迹复印件让李讷观看时，她用手轻轻地抚摸着，眼中噙满泪水，肯定地说："是用钢笔书写的。"随后到乡政府二楼会议室与大家座谈。我先介绍了李讷一行人及县、乡陪同人员，接着县委书记、乡党委书记分别汇报了毛主席批示、乡名变更及工作情况。时任县人大主任，也是回乡知识青年代表的卢忠阳汇报了当年回乡创办农业合作社，材料上报的过程。乡领导请求题字，李讷、张玉凤欣然接受，李讷深思片刻说"我提个乡名吧"，挥毫写下了"广阔天地乡"竖排五个大字，张玉凤写下竖排"神州"二字，还应邀为乡领导和知识青年代表在笔记本上签了名。离开会议室时李讷拉住卢忠阳和同当地农民结婚的一名女知青的手深情地说："我也插过队下过乡，咱们有共同的经历和感受，很不容易，但青春无悔！"当时在场的知青和李讷都流下了激动的眼泪，大家又下楼到毛主席批示手迹牌前合影留念，除了与县乡领导合影外，还专门与知识青年代表合了影，然后驱车到郏县三苏坟参观。

李讷是北大历史系的高材生，对名胜古迹很感兴趣，对三苏父子非常崇敬，对他们在文学史上的贡献了如指掌。郏县三苏坟是三苏父子的长眠之地，在三苏坟前李讷同陪同人员饶有兴趣地讨论了三苏葬郏的原因，然后像普通游客一样，在摸福石前闭着双眼一步一步地走向苏洵墓前的石香炉，并且一下子就摸着了，大家笑着说她是大富大贵之人。在即将离开时，李讷应邀提起毛笔在雪白的宣纸上写上"先贤"两个大字，落款时说："把我们家老王也写上吧！"说着写下了丈夫王景清的名字。

在郏县有一位与毛泽东有过交往的人叫曹铁，1949年参加了全国政协首届会议和开国大典，会议期间曾和毛主席一起吃饭，毛主席问他需要什么时，他说自己是民兵营长，家乡正在搞剿匪反霸，希望要50发子弹，后来上级派人给他送了600发子弹。在郏县宾馆，我们特意安排他与李讷见面，曹铁将珍藏的参加全国第一届政治协商会议的影集拿给李讷等人观看，并倾吐了对毛主席的无限怀念之情。

当天下午李讷一行回到平顶山市区，又游览了白龟山水库、市体育村，参观了神马帘子布厂。

4月30日晚上，我市举行纪念五四运动暨十大杰出青年、十大杰出青年交警颁奖晚会，李讷一行应邀出席和市领导一起向双十杰出青年颁奖并同大家一起进行联欢。当李讷得知老红军伍学生也在颁奖现场时特意拉他坐在自己身旁，伍学生激动地上台演唱了一首歌曲《打靶归来》。

通过两天的接触，我和李讷、张玉凤已成了熟人，时不时也拉起了家常，李讷告诉我，他在中办秘书局做资料工作，这些年身体不太好，多数时间在家休息，丈夫王景清也是个老革命了，延安时期就在中央警

历史记忆

135

1996年4月29日在平顶山宾馆和李讷一行合影

卫团工作，还护卫过少年时的她，后来调到云南省军区怒江军分区任参谋长，现在是北京第一干休所离休干部。老王在家里是里里外外一把手，买菜、做饭样样都干，他们一起过着拉板车买白菜、运煤块的老百姓生活，我想起每当有人请李讷题词她都欣然应允，这时厚道的老王在旁边就会说："别太累了，休息会儿再写吧！"而李讷在落款时就会说"把我们家老王也写上"。看得出他们非常恩爱，生活美满幸福。李讷说她有个儿子叫王效芝，现在北京一家饭店做管理工作，之所以叫这个名字，就是要让儿子效法、仿效外公毛润之。当问及她的兄、姐毛岸青和李敏时，她说：因各自的身体原因，平时家庭间往来不是太多，但经常保持联系，每逢父亲生日和忌日，常会碰到一起。有时生病，两个嫂子（指刘松林和邵华）一起登门看望，姑嫂相见嘘寒问暖非常亲热，使她得到很大的宽慰，言谈中李讷对姐姐李敏不住地夸奖，说李敏有本事、有耐心，一男一女两个孩子培养得很有出息。只是近来身体不好，行动不便，她和老王有时打电话问候，有时也亲自登门看望。张玉凤则告诉我她和爱人刘爱民都在铁道部政治部工作，这次刘爱民就是到铁道部下属的平顶山轨枕厂检查工作的。

5月1日上午，李讷一行要离开平顶山了，我带着爱人和女儿到她下榻的平顶山宾馆为其送行，李讷夫妇和张玉凤分别和我们一起合影留念，李讷为我题写了"腾飞"二字，张玉凤则写下了"清风"的题字，并在我笔记本上签名，二人的字笔锋苍劲有力，不愧是受过毛主席的亲自指导，对这两幅字我一直妥善收藏。临行前李讷又把她家的地址和电话号码写下交给我，说以后到北京一定要和她联系。随后我就按这个住址把她们在平顶山市活动的照片寄了过去。

5月1日上午11时许，我把李讷一行送到叶县南和方城交界处，南阳市的领导早已在那里等候，她们开始了南阳之行。

事情已过去20多年，至今记忆犹新，也会镌刻在我一生的记忆中。李讷谦虚随和、朴素、真诚，张玉凤气度不凡、风度优雅。她们都让我印象深刻，而平顶山之行也让她们对鹰城有了美好的印象。而毛主席走过的足迹和做过的批示，激励了一代又一代鹰城人，让这个城市的记忆显得特殊而不同。

谨以此文献给平顶山建市60周年！

2017年5月10日《平顶山日报》

昔日广阔天地，今日天地广阔

在纪念毛泽东同志诞辰 100 周年的日子里，我们同时迎来了毛泽东"广阔天地大有作为"批示发表 38 周年。重温他老人家的光辉批示，回顾郏县广阔天地乡 38 年来的峥嵘岁月，对于我们缅怀他老人家的丰功伟绩，对于深刻理解邓小平同志关于建设有中国特色社会主义的理论，对于推进我市的改革开放和各项建设事业，具有极为重要的意义和作用。

1955 年，时值我国农业合作化高潮，郏县大李庄乡（今广阔天地乡）的 7 名中学生和 25 名高小毕业生积极响应党的号召，回乡参加合作化运动，解决了当时合作社缺乏会计、记工员的困难，他们的做法，引起了当时中共许昌地委的重视，地委农村工作部写了一篇题为《在一个乡里进行合作化规划的经验》的文章，刊登在《互助合作》小册子上，印发全区学习。后来，这本小册子被送到北京，毛主席看了这篇文章，并亲笔加了按语，全文是："这也是一篇好文章，可作各地参考。其中提到组织中学生和高小毕业生参加合作化的工作值得特别注意，一切可以到农村中去工作的这样的知识分子，应当高兴地到那里去。农村是一个广阔的天地，在那里是可以大有作为的。"

从毛泽东的手稿里可以清楚看到，"值得特别注意"中的"特别"二字是毛泽东修改时加上去的。"注意"而又"特别"，足见他老人家对这一新生事

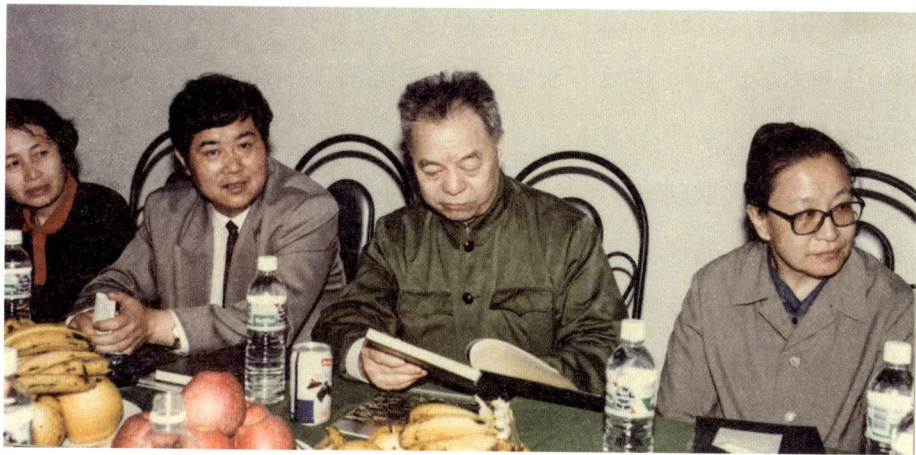

1996年4月30日陪同李讷夫妇在郏县广阔天地乡参观
右一为李讷，右二为王景清（李讷丈夫），左一为张玉凤

物的肯定和支持。因为这种做法不仅对当时的全国合作化运动具有普遍性的指导意义，而且体现了毛泽东"知识分子走与工农相结合道路"的指导思想，为我国社会主义时期青年运动指明了方向。"农村是一个广阔的天地，在那里是可以大有作为的"，这充满激情的诗一般的语言，如一声春雷，响彻神州大地，激励和召唤着一代又一代青年知识分子投身到农村这个广阔天地里，在建设我国社会主义新农村的伟大斗争中建功立业锻炼成长。

　　38年过去，弹指一挥间，从毛泽东光辉批示发表到现在已经整整38个春秋。38年来，伴随着这一批示的广泛传播，大李庄乡的历史翻开了新的一页。这块原本默默无闻的穷乡僻壤，成为世人注目和一切有志青年向往的热土，大李庄乡也随之先后被更名为"广阔天地大有作为"人民公社和"广阔天地"乡。在那些历史的岁月里，走遍祖国的大江南北，一提起"广阔天地"就无人不知，无人不晓。在毛泽东光辉批示的指引和鼓舞下，一批又一批、一代又一代回乡和下乡知识青年，满怀革命的壮志豪情来到广阔天地乡，同当地干部群众一起艰苦创业，用汗水和才智绘制了一幅幅社会主义新农村的宏伟蓝图和壮丽画卷。

从 1955 年到现在，先后曾有 3000 多名下乡和回乡知识青年在广阔天地乡安家落户，其中 1968 年到 1972 年 5 年间，仅来自郑州、许昌、洛阳等城市的下乡知识青年就达 1700 余人。他们为广阔天地乡经济建设和各项社会事业的发展创造了不可磨灭的历史功绩。特别是十一届三中全会以后，为知识青年施展聪明才智开辟了更加广阔的新天地。新一代的知识青年既保持了艰苦创业的优良传统，又具有鲜明的时代特点，他们敢想、敢干、敢闯、敢冒险，起到了发展商品生产和市场经济的带头人作用，成为改革创新的中坚力量。1955 年回乡的知青邱振甲扎根乡村，几十年奋斗不止，他创办的广阔天地砂轮企业集团，固定资产超千万元，产品畅销我国 20 多个省市和日本、德国及东南亚诸国。1958 年回乡的知青周万申，一心扑在科研上，先后培育出广扬"811""821"等小麦良种，在省内外大面积推广，为夏粮增产做出了突出贡献。1980 年高中毕业回乡的知青雷领坡，靠股份合作制起家，联合全村能工巧匠，把他所在的赵花园村建成了闻名全国的铁锅生产专业村。尤其令人振奋的是，当年的下乡知青虽然已经绝大部分相继离乡回城，但他们始终没有忘记广阔天地乡对他们的哺育和培养，继续为第二故乡的经济发展做出无私的贡献。下乡知青薛喜梅，担任省农科院小麦研究所副所长后，兼任乡技术顾问，为当地群众提供最新良种和先进种植、管理技术，使该乡成为全县第一个吨粮乡。下乡知青张颖二次返乡，投资 35 万元，在该乡办起了知青瓦楞纸厂……如今的"广阔天地"同 1955 年相比，已经发生了翻天覆地的变化，1992 年，该乡被市委、市政府树为全市农业战线十面红旗之一，乡镇企业发展名列全县前列，群众生活水平逐年提高，文化、教育等各项社会事业也都取得了显著的成就，不少行政村已经接近了"小康村"水平。

艰苦的劳动锻炼和丰富的农村工作实践，使知识青年们学到了许多书本上不易学到的东西，鼓舞了一大批有志青年茁壮成长。他们中不论是"扎根"农村的，还是回城工作的，绝大部分人已成了各行各业的骨干，不少人走上了各级领导岗位。回乡知青卢忠阳曾光荣地出席了党的全国代表大会，并当选为中央候补委员；回乡青年、邱庄村党支部书记黄发娃曾被推选为全国和河南省人大代表；下乡知青薛喜梅也曾当选为全国人大常务委员会委员。还有许多人成为企业家、工程师、研究员、作家、记者、艺术家……近年来，郏县根据新时期形势发展的需要，在全县范围内广泛开展旨在培养新一代的农民教育活动，逐步形成了以县农民教育中心为龙头、14 个乡（镇）农技校为龙身、297 个村办农技校为龙尾，辐射全县 11 万农户、近 200 个乡（镇）企业的农民教育体系，年培训农民达 10 万多人次，从村干部到普通农民，人人受教育，个个学技术，广大农民的文化和科技素质不断提高，涌现出一大批农业科技人才。王集乡蔡庄村史学成科学种菜，亩创产值近万元，成为远近闻名的"种菜状元"。李口乡林村庄刘维元，潜心研究烟叶生产技术，种出了被外国专家誉为"世界一流"优质烤烟，亩产值超过 1600 元。在这些农民科技人才的带动下，郏县农村经济蓬勃发展，1992 年在市委、市政府表彰的 29 个粮食生产先进乡（镇）中，郏县 14 个乡（镇）就有 10 个榜上有名。

随着社会的进步、时代的发展，现在的农村文化状况已经大大改善，但我国仍然有 1.8 亿农民处于文盲状态，而"科盲"的人则更多。这一状况同我国经济建设和社会发展对劳动者素质的要求、同建设具有现代化的高度民主和高度文明的社会主义国家的要求、同建设社会主义新农村和实现小康目标的要求还有很大差距，特别是在农村大力发展社会主义市场经济的今天，仍然需要大批有理想、有志气、有文化的热血青年。如果说过去的知识青年上山下乡运动是为了造就农民的新一代，而如今的任务则是要培养新一代的农民。农村过去是、现在是、将来仍然是知识青年们大有作为的广阔天地。昔日广阔天地，今日天地广阔，让我们永远在毛泽东光辉批示指引下，沿着建设中国特色社会主义的康庄大道阔步前进！

1993 年 12 月 19 日《平顶山日报》

村中的皂角树

　　老家村里有棵皂角树，长在村子中央的土台上。树有十几米高，树干很粗壮，足有成年人的一搂那么粗。树冠如盖，像一把大伞盖住了路边那块空地。枝叶茂盛，遮天蔽日，下雨时可在树下避雨。至于它是哪一年栽的，是谁栽的，无人知晓。听村里老人讲，他们很小的时候皂角树就是这样，想来有上百年或者是几百年了吧！几百年来无论风吹雨打它都傲然屹立，岿然不动。这棵树对全村人来说，既是一道独特的风景线，又是不可缺少的宝贝。

　　首先它是全村的文化娱乐中心。村里男女老少只要一有空，搬板凳、拿草席，抱着针线筐来到这里说笑乘凉。老年人下棋，中年人打扑克、摆方，妇女们做针线，小孩儿玩游戏、摔泥炮……即使吃饭也要端着碗来到这里，那时候各家各户做的饭都很简单，家家户户都是玉米糁稀饭放红薯，条件好些的吃个花卷馍。有几个吃饭快的走着吃着，等走到地方已经吃完一碗，回家去盛一碗再来，为的是凑热闹听听有什么马路新闻。这里是一个集体饭场，又是一个信息交流中心。每年收完秋种完麦，村里要请说书艺人来这里说书，什么《说岳全传》《隋唐演义》《封神榜》等等，一说就是半个月，全村人都来听，外村人也赶来看，每到这时，卖花米薯的、爆米花的也来叫卖。皂角树下成了娱乐的场所，充满了和谐和欢乐的气氛。

皂角树下也是全村人的经济中心。每天早上钟声一响，全村男女老少齐聚树下，听生产队长分派农活，谁到北地锄地，谁去东头浇水，领完任务，一天的劳作就开始了。每到年终生产队的会计会在这里公布全年账目，谁家挣了多少工分，谁家分红多少。那年月日值很低，但总归是一年辛苦的报酬，此时此刻人人脸上都带着满足的笑容。有时外地的打铁匠也会来到这里，在皂角树下升起红炉，给生产队打铡刀。那风箱拉得呼呼响，火苗直往上蹿，大师傅拿着小锤边敲打边指挥，小徒弟抡着大锤跟着师傅的小锤一锤接着一锤使劲地打，一天下来一口崭新的铡刀就打成了。

皂角树又是全村的政治中心。每年生产队选队长、队委都在这里进行。学习文件、传达上级精神、召开全体社员大会也在这里。实行联产承包责任制分地抓阄也是在这里。只要有重要活动这里就是聚集之地。皂角树下成了凝聚人心的地方。

在那日子还很不富裕的岁月里，皂角常用来洗衣服、洗头。那时候农村人穿的大都是自己织的粗布衣，每当攒了一大堆衣服被单之类，大娘大嫂们就在竹竿上边绑一个镰刀从皂角树上拽下几个皂角，再到塘坑边找块洗衣石，把衣服铺在石头上放上皂角，用棒槌砸碎，裹在衣服里再用棒槌捶打，不一会儿洁白的泡沫就出来了，皂角的泡沫很丰富，去污力也很强。捶打后的衣服在石头上揉搓几下，在水里涮几下就洗干净了，晒干后衣服上还留着一种特别的自然香味。如果洗的是被单，晒半干时两个人还要拉住两头拽一拽，然后叠好放在光亮的槌布石上捶一捶以减少皱褶。

在我的记忆里，在皂角树下参加最后一次活动是在 1980 年春节前。深受全村人尊敬的舅爷去世了，村里在皂角树下为他举行了隆重的追悼会，时任生产队长是我本家一个大哥，他平时话不多，是个实干家，那天他不知从哪儿来的灵感，面对着舅爷的灵柩滔滔不绝。历数舅爷的光荣历史：解放前逃荒要饭，苦大仇深；土改时当过民兵，剿匪反霸勇往直前；高级社、合作化运动的积极分子，生产队的劳动模范……站在送葬队伍前面的我听得泪流满面，不少人失声痛哭。这时北风吹来，树上紫黑油亮形似刀鞘的皂角哗哗作响，仿佛是向这位受人尊敬的老人致哀。再看看皂角树那挺拔的树干多么像舅爷那伟岸的身躯。那不屈不挠、勤劳勇敢的品质，默默耕耘、无私奉献的精神不正是舅爷和像舅爷这样的千千万万的中国农民的真实写照吗？

过去每次回到村里远远地望见皂角树，就有一种亲切感，退休后再回到村里已难寻皂角树的身影。三十多年过去了，家乡的面貌发生了翻天覆地的变化，家家户户盖起了新瓦房，有的还住上了楼房，安了电扇、装了空调，再也不用到树下去乘凉了。生活水平大大提高了，饭场也消失了。洗衣服用上了洗衣机，塘坑边早已没了洗衣服的大娘身影，年轻人已不知皂角树为何物，人们衣服上再也闻不到皂角的芳香了，但没了皂角树的村庄，总觉得还缺点什么……

村中那棵皂角树，牵系着老一辈人的记忆，它像一位老人，撑起一片天空，它的身影，伫立在岁月中，总是那么挺拔，以旗帜的姿态映射着先辈的身影。

故乡永远是心灵的牵挂，故乡永远是魂牵梦绕的地方，也许每个人都有一份深深的浓浓的乡愁，我们村中的那棵皂角树承载着我无尽的故乡情。

2017 年 6 月 27 日《平顶山日报》

难忘红薯

20世纪六七十年代，"这家到那家儿吃的都是红薯干儿，这院到那院吃的都是红薯面儿""红薯汤，红薯馍，离了红薯不能活"是农村生活的真实写照。

红薯耐旱耐瘠薄，产量比其他农作物要高一些，一般亩产能达到2000～3000斤，按5斤鲜红薯折1斤粮食计算，一亩地能产400～600斤粮食，当时算是高产了。在那温饱还没有解决的岁月里，一年红薯半年粮，农民靠红薯填饱肚子，因此各生产队会尽可能多种一些红薯。春节一过（一般在每年正月中下旬），就开始排红薯育苗。红薯分早红薯和晚红薯，早红薯又称春红薯，一般五月上旬栽种，晚红薯待收完麦子栽种在麦茬地里，因此又叫麦茬红薯。栽红薯时先用锄头挖一个坑，浇上水把苗放坑里用土封好，如果太阳光线太强，还要用土把整个红薯苗埋起来，一天后再扒开：这样栽的红薯苗成活率高，要不然会被晒死。如果缺苗还要补栽。红薯的田间管理不复杂，过去主要是翻秧，后来采用了新的栽培技术就不用翻秧了。春红薯过了农历八月十五就可以刨着吃了，而晚红薯要等到种完麦子再刨。生产队刨红薯时是大家最高兴的时候，拉着架子车、挑着担子一起来到地头，等待着队里把刨下来的红薯分给各户。这时候一般是按人口多少分配，每人每次分50斤、100斤不等，叫作预分配，到年终再按每户挣的工分多少进行决算。

红薯全身都是宝，根块供人们食用，品种多样，有白心的、黄心的、红心的，还有紫心的；有干面的，也有甜软的。同样的品种在不同的土壤里种出来味道也不太一样。红薯可以煮着吃、蒸着吃，也可以烤着吃，更多的是配上玉米糁煮稀饭。鲜红薯可以磨成淀粉，做成粉条、凉粉。记得小时候母亲为了给我们改善生活，时不时地用红薯淀粉给我们做凉面和饸饹。红薯的叶子特别是霜打过的叶子，摘下来煮熟晾干可以做凉菜，也可放到面条锅里吃。红薯的秧子是喂猪、喂羊的好饲料。

红薯虽然营养丰富，口感好，但也不能多吃，吃多了会胃酸，心烧得难受。因此，那个年代长大的农村人对红薯有一种复杂的感情，既感激它救过命，又难忘那难受的感觉。

红薯虽好，但不易储存，那时候家家户户都有一个红薯窖，深5米左右，上细下粗葫芦形状。从地里拉回来的鲜红薯扎好把，一把一把地系到窖里，整整齐齐地堆放在窖底的拐洞内。红薯窖口要盖好，防止牲口和小孩掉进去。什么时候吃红薯，就用绳子系住小孩的腰下去，先把红薯提上来，再把小孩系上来。这种鲜储方式，调节窖里温度很重要。温度高了，红薯要闷窖，先长黑斑，再逐步烂掉。温度低了，红薯会冻坏，变硬也不能吃。而调节温度主要是凭经验，刚下窖那段时间窖口要经常打开，有时候还要往窖里扇风。入冬后红薯窖要少打开，隔一段时间还要下去检查一遍，把坏的、有黑斑的红薯拣出来，免得把周围的也染坏。坏红薯散发着一种酒糟味，很难闻。

因为鲜储不易，更多的是切开晒成干儿储存起来。吃时先用碾子压一压，把面用罗筛出来，可做馍、可熬汤，这就是农家半年的口粮了。

切红薯干既要有力气，也要有技巧。用一个特制的刀片固定在板凳的一头，人骑在板凳上，将红薯放在刀口边压着往前推，红薯片就会从刀口下面一片一片地滚落到筐子里。切下来后要马上晾晒。家住平房或瓦房的，可以把红薯片撒在房顶上晒，干得又快又干净，但受地方限制，特别是在瓦房上晒不太好翻，干了之后往下扒时还有可能碰坏瓦，因此更多的红薯干是晒在大田地里，吃时要把上面的土先洗掉。晒红薯干的日子里，农民最关心天气，最怕阴雨天，要是赶上天下雨，全村人扶老携幼一齐出动，不管白天黑夜哪怕是后半夜，也要把地里正晒着的红薯干捡回来，放在屋里每一处空地上摊匀了晾着。如果遇上连阴天或几天雨不停，红薯干就要起热发黏，出现酒味，坏得轻一点儿的还可以做饲料，腐烂变质的只有扔掉，那半年的口粮就落空了。

红薯在历史上是立过功的，它救过无数中国农民的命。时至今日，它仍是工业用原料和人们调节生活的美味。现在农民生活水平已大大提高，家家户户吃的都是白面，红薯作为主粮的地位已被白面、大米取代，但靠吃红薯长大的一代人仍对它有着特殊的感情——感激、怀念。

2017 年 7 月 11 日《平顶山日报》

一次难忘的出行

1975 年 1 月，在平顶山市郊区东方红人民公社（今湛河区北渡镇）工作的我，随着公社部分干部和各大队的负责同志共 50 多人，到山西省昔阳县参观农田水利基本建设。我们租了两辆公交车和其他几个公社的参观车辆一起浩浩荡荡地奔赴山西。

时值隆冬，天寒地冻。车上没有暖气，车又漏油，因此不能开窗通风，汽油味很浓。那时没有高速公路，国道省道也多坑坑洼洼。车行不久，就有人晕车呕吐。随着车的颠簸，呕吐的人越来越多，连原本不晕车的人也未能幸免。汽车不得不走一会儿找个地方停一停，把车厢打扫一下。就这样，走走停停，停停走走，汽车在崎岖的山路上艰难爬行，直到晚上 9 点多钟，我们才赶到山西黎城县招待所住下。黎城县号称山西的东大门，这个山区小县不愧为革命老区，我们到时招待所的同志早已下班，食堂的师傅也已睡下，这时又起来给我们熬了香喷喷的小米粥，蒸了玉米面馒头，配上咸菜。我们一天没吃东西了，又渴又冷，又饿又累，吃后倒头就睡，连衣服都懒得脱。由于没有暖气，一个被子难以御寒，和衣而睡倒还暖和些。

第二天一大早，招待所准备的是小米干饭和咸菜。别看头天晚上小米稀饭大家吃得津津有味，小米干饭多数人却吃不惯，胡乱扒拉两口就上车赶路了。直到晚上才赶到目的地，住在昔阳县供销社的一个招待所里。

第三天上午，我们和来自全国各地的几百名参观者一起，集中在昔阳县拖拉机厂一个大车间改成的礼堂里，听了当地经验介绍，然后分头到几个农田水利基本建设工作做得比较好的村实地参观。参观过程中，大家被昔阳人战天斗地改造自然的精神所震撼。

第四天开始返程，因多数人晕车、呕吐，我们临时决定坐火车回家。公交车把我们一行送到阳泉火车站。年关将至，车站人满为患，好不容易买到了到郑州的站票。火车一到，人们蜂拥而上，上边的人下不来，下边的人上不去，有的人干脆从车窗钻进去。这样又挤又推半个多小时，我们才被人流推上了车。车内早已挤满了人，过道里、厕所里、两节车厢连接处，甚至座椅下都躺着人。同行的一位同事说，车开出去一站多了，他的脚还没着地。我旁边一位农民模样的乘客，带一口铁锅，只好头顶着，没走多远，已是脸色苍白、大汗淋漓，要不是人挨人地挤着，他早已瘫倒在地。因为是慢车，一站一停，直到过了石家庄上了京广线往南，车上拥挤的局面才稍有改观，我们才可以自主地站一站，或找个地方靠一靠。

就这样，在火车上挤了一整天，也站了一整天，下午6点多钟才到郑州。我们借着昏暗的灯光，在火车站附近每人吃了一碗面条，碗很大，每碗才两毛钱。吃完面，要解决住的问题，却遇到了麻烦。我们身上都没有带介绍信，住招待所、宾馆是不太可能了，那只好找澡堂了。

好不容易在二七纪念塔附近找到一个澡堂，还好可以住，但要到澡堂下班，等洗澡的人走完后才能入住。大家只好在街上转悠到9点多钟，回到澡堂真如倦鸟投林。幸好水还没放，我们草草洗个澡，把衣服放在床下小储物箱里倒头就睡，可直到快入睡才发现那床如躺椅，仰躺尚可，侧卧感觉老往下滑。几十个人同居一室，鼾声一片，令我想起"卧榻之侧，岂容他人鼾睡"，但可能是站了一天太累了，我居然一会儿就睡着了，还睡得很香。

一觉醒来，又要往家赶。那时从郑州到平顶山可以坐火车，每天一趟下午发车要走四个小时，而坐长途汽车上午就有票，要五个多小时。为了能早点回家，我们一行人决定坐上午的汽车。颠簸五个多小时终于回到了平顶山，然后坐公交车到马庄，下车后又步行几千米，回到公社驻地时已是晚上。大家说，这一次出去了五天，参观了一天，其余四天在汽车上呕吐、在火车上拥挤，又是和衣睡，又是住澡堂，真是终生难忘。

此事已过去四十多年了，可每每想起来仍是历历在目。现在出行可坐高铁、可乘飞机，高速公路四通八达。前几年我去山西出差，开车半天就到了太原。有个朋友说，他们一家春节期间想吃武汉热干面，开车到漯河，坐高铁一个多小时到武汉，逛逛街吃过热干面再坐高铁回来，不耽误吃晚饭。

改革开放以来，我们国家的交通基础设施变化真是太大了，我们的出行越来越便利了。祝愿祖国越来越好、越来越强大。

2017 年 8 月 15 日《平顶山日报》

民师两年

在我的人生中，曾有过短短两年的民办教师经历，这是我走向社会的第一个工作岗位，尽管后来拥有不少职务头衔，但我最引以为荣的称谓还是老师。

1968年，我高中毕业，正赶上那场轰轰烈烈的上山下乡运动，于是就成了一名回乡知识青年。1969年初，上级要求将初中、小学下放到大队（行政村），高中下放到公社，各级教师一律回原籍。因我们大队只有一名从外地回来的公办教师，我又是当时村里唯一一名高中生，就被选派到学校当了一名民办教师。待遇是记一个劳力的工分，年终参加分红，国家每月补助七元钱。

我们村的学校是一所中心小学，周围几个村的学生都在这里上学。下放到大队办学后，仅剩我们一个大队的学生，加上当地驻军和附近工厂的子弟，也就200多名学生。几个年级的学生人数参差不齐，其中五、六年级各有十几个人，各成一班教师不够，只好合成一个复式班，即两个年级在一个教室里上课。我虽然是一个民办教师，但工作量和公办教师没有区别，加上又年轻，自然多承担些工作，教复式班的任务就落在我身上。上课时先给五年级学生讲课，让六年级学生自习，然后再给六年级学生讲课，让五年级学生做作业。学生也觉得挺新鲜——当五年级学生听讲时六年级学生等于复习，六年级学生听讲时五年级学生等于在预习。当时学校停课已有三年，刚复课百废待兴，老课本不能用，新教材又没出版，学校就自编教材。上数学课时为了教会学生面积、体积如何计算，我就带领他们到田间实地丈量地块，到村里量粪堆、沙坑，让学生在实践中学知识。

博学、耐心是教师最基本的素质。人们常说：只有自己拥有一桶水，才能给予别人一碗水。当一名教师，首先自己要有丰富的知识，才能更好地把知识传授给学生，否则今以其昏昏，使人昭昭，必然要误人子弟。1970年，我们学校进行扩建后办起了初中班，招收周围几个村子的学生，第一年招收了四个班，学校安排我教两个班的数学。为了教好课，我把初中、高中的数学全部复习一遍，特别是高中的数学，可以说是自学了一遍。因前几年停课，很多东西都没学，教学生的过程也是自己学习提高的过程，也为我后来考大学奠定了基础。

民办教师是在我国特定历史条件下形成的，是当时中小学教师队伍中的重要组成部分。据统计，我国民办教师曾在1977年达到最多，有491万人。他们多数终生工作在乡村，特别是山区和偏远的少数民族居住区。他们拿着微薄的收入，无怨无悔地工作在最艰苦的教学一线。改革开放以来，党中央、国务院采取一系列措施，解决民办教师问题，有的转为公办教师，有的被师范学院定向招收，民办教师逐步退出了历史舞台。

"春蚕到死丝方尽，蜡炬成灰泪始干。"从小学到中学再到大学，正是众多老师孜孜不倦的教诲，我才得以一步步地成长成才，每当工作变动或职务提升，我都会情不自禁地想念当年那些辛勤播种的耕耘者。记得在郑州航院上学时，教我们大学语文的王老师，个头不高但声音洪亮，读起古文来抑扬顿挫。他常常告诫我们：中国的汉字博大精深，对每一个字都要弄懂、认准、不能读错，如果一个领导干部在大会上讲话时读错字，那么将会成为永远的笑柄。后来茶余饭后听到人们议论，某某领导把"深圳"读成"深川"、某某领导把云南的别称 "滇"读成"镇"时，不由得就对尊敬的王老师更加怀念。

在省里工作时，我曾想去看望王老师，但听说他已作古，这成了我的一大遗憾。退休后回老家休息，我千方百计地打听到几位健在的老师，在谢师宴上，我告诉他们，我怀念学生时代，怀念母校，更怀念您——我的老师。

2017 年 9 月 12 日《平顶山日报》

又到冬贮白菜时

大白菜是一种常见的蔬菜，具有较高的营养价值，有冬日白菜美如笋之说。它和萝卜、大葱一起构成北方人整个冬季的当家菜。

中国的老百姓对大白菜有着特殊的感情，尤其是在 20 世纪六七十年代经济困难时期，冬贮大白菜是城市居民生活中的一件大事。每当冬季来临，各家各户都会买上几百斤大白菜、萝卜、大葱贮存起来，为的是冬春时节有菜可吃。那时候如果冬季出差去北京，会看到大街小巷家家户户窗台上、阳台里摆满了大白菜，成为当时北京城一道景观。

我当时在平顶山郊区（现湛河区）工作，郊区的主要任务就是服务城乡居民，也就是要种好蔬菜，保障城市供应。每到冬季，郊区各级政府都把冬贮大白菜当成一场战役来打。每年 11 月下旬到 12 月上旬，白菜大批上市，路上能看到一辆一辆满载大白菜的架子车、手扶拖拉机，源源不断地涌到市里，市区各菜站就会冒出一座座白菜山，接着便出现一条条买白菜的长龙。

当时是计划经济，各个蔬菜生产队要按计划种植，收获后送到指定的菜站收购，然后再由各菜站卖给市民。白菜的价钱也很便宜，大部分年份都是 2～3 分钱一斤，如出现亏损，则由政府给菜站以补贴。由于大白菜成熟期比较集中，要赶在上大冻之前收完，这时区里和公社干部要下到各生产队驻队督促，各菜站也派人到生产队帮助协调，市内企业和单位机关食堂也有开车直接到生产队拉菜的，前提是要有菜站的调拨单，只有这样才能顶各生产队的上缴任务，因为菜农的口粮供应标准是和蔬菜上缴任务挂钩的，如果完不成任务口粮要被扣减，如超额则有奖励。

当时种植的主要是结球型品种，心实棵大，一亩地能产 3000 多斤，如果风调雨顺、水大肥足，一亩地能产四五千斤。收获前一个月要用红薯秧把白菜捆起来，为的是让菜心长得更实。1970 年高压开关厂从东北沈阳迁到平顶山市，东北人喜欢吃泡菜，腌泡菜所用的是一种叫天津大麻叶的白菜，绿色菜叶多、帮薄、叶肉柔嫩，附近几个菜队又专门引种天津大麻叶，供应高压开关厂职工。

每年到这个季节，郊区的干部就比较忙，经常有人找着帮助购买大白菜，不少人给亲戚朋友送礼也是拉上一车大白菜。有一年是个暖冬，地里的大白菜长得格外茁壮，大白菜出现了过剩，市里紧急动员各机关、企业、学校和驻军冬贮大白菜，有不少单位直接把大白菜买回去当作福利分给职工。菜区各生产队和菜农也想了多种办法，有的挖菜窖，有的在地里把大白菜一棵挨一棵地平摆好，周围用土封起来，上面盖上草苫子以防冻坏，到春节前后再扒出来上市。

20 世纪 80 年代后期，随着联产承包责任制的推行，农民种田有了更多的自主权。原来不种蔬菜的远郊包括县里的农民，也开始调整种植结构，大面积种植蔬菜，有的还大力发展大棚种植反季蔬菜，以满足市场的不同需求。市场日益繁荣，市民的菜篮子也越加丰富，大白菜在人们冬季餐桌上的份额渐渐减少。时至今日，随着全国乃至世界经济的一体化，外地的新鲜蔬菜也源源不断地进入本地市场，人们由过去的一次大量购买变为小量多次随时采购，市场上、超市里各种蔬菜各色品种应有尽有，大白菜一步步退出了昔日当家菜的地位，家家户户大量贮存大白菜的日子成了历史。

冬贮大白菜淡出人们的生活，也是时代发展的一个缩影。

2017 年 12 月 19 日《平顶山日报》

心灵感悟

工作感想

我觉得作为一名党员领导干部，必须与人民群众加强血肉联系，同党中央、省委、市委保持高度一致，刻苦学习，团结同志，务实重干，开拓创新，坚决执行党的一系列方针政策，努力做到廉洁从政。具体说，要做到以下几点：

一、头脑清。

要发扬钉子钉木头时"钻"的精神，挤出时间，不断加强政治和业务学习，用邓小平理论、"三个代表"重要思想、党的路线方针政策，以及国家的法律法规等先进、科学的理论武装头脑，这样才能树立正确的世界观、人生观、价值观，在大是大非面前头清眼亮不迷向，才能把上级的要求与本地的实际紧密结合起来，创造性地开展工作，实事求是地制定出科学的决策，促进当地经济社会的健康发展。

二、作风实。

作风不实，工作必虚；工作要有实效，作风必须扎实。要牢固树立"群众至上"观念，多想群众的好，多想群众的难，坚持把群众拥护不拥护、答应不答应、满意不满意作为一切工作的出发点和归宿；要淡化乃至忘掉自己的官职，深入基层和一线，把自己融入群众之中，增进沟通和交流，在和群众零距离交往中，善于发现、指出、解决问题；要深怀爱民之心，恪守为民之责，多办利民之事，带着感情做好群众工作，对群众讲亲情、讲心情、讲真情，全力以赴维护好群众的切身利益；要坚决反对官僚主义、形式主义，敢于抵制、批评那些看似成绩，实则劳民伤财的"形象工程""政绩工程"。

三、会干事。

就是想尽千方百计，历尽千辛万苦，汇集各方力量，干一件成一件，件件干成。"重大事、底要清"，对事关改革发展稳定的大事，要精心研究，确保胸有成竹，牢牢把握工作主动权；"关键事，手要硬"，对事关班子、队伍整体形象的大事和原则性问题，要坚持原则，敢于决断，动真碰硬，勇于负责；"困难事，要坚定"，对工作中遇到的困难和问题，要坚定信心和决心，迎难而上，执着应对，直至最终完成任务；"突发事，要冷静"，面对各类突发性事件，要保持清醒，讲究策略，注意方法，机智果断，稳住并控制事态发展，使矛盾不扩大、不积累、不激化。

四、重修养。

要有涵养，学会理解人，处理好人际关系，这样，于公于私于人于己都有益。一是名利不强取。一个人职务的晋升，是由主观条件和客观机遇两个因素决定的，看待职位名利，要始终保持一颗平常心，切实做到正确看待自己，正确看待同志，正确看待组织。二是误解不性急。面对工作中出现的各种非议、误解及遭受的委屈，切忌浮躁，悲观失望，这样只会自乱阵脚。三是做错不隐瞒。不要遮遮掩掩，捂捂盖盖，隐瞒事实真相，要敢于承认，有错即改，取得大家的谅解和信任。四是吃亏要存气。多工作，多干活，多出力是一种奉献，要以团结为本，以大局为重，学会容人容言容事，力争达到"吃糠、吃菜、能吃气，让金、让银、理让人"这种境界；吃了亏就斤斤计较，牢骚满腹，则伤人伤己，就难成大事。

五、手要净。

要对照各级党委加强党风廉政建设的有关规定，洁身自爱。坚持以俭养德，以俭戒奢，以俭戒贪。坚决执行铁的纪律，在非法利益诱惑面前，切记不正之钱一分也烫手，稳住神、管住身、抗住诱惑，自觉做到心不贪，眼不花，手不长，自重、自省、自警、自励，在市场经济条件下，管住自己、管好亲属，努力做到廉洁奉公，严于律己。

坚持完善党的民主集中制，提高领导决策水平

在改革开放的新形势下，我们郏县县委始终坚持和完善党的民主集中制原则，不断提高县委决策的民主化和科学化水平，增强班子的凝聚力和战斗力，从而调动了各方面的积极性，形成了政通人和、百业兴旺的大好局面。1992 年工农业总产值和乡镇企业总产值比 1989 年分别增长了 110.5% 和 130% ；连续三年被评为全国烟叶生产收购先进县，连续四年保持省计划生育工作先进县，并获得全国体育先进县、省粮食生产先进县、省"双拥"模范县、省社会治安综合治理先进县和省"三优杯"竞赛优胜单位等荣誉称号。

下面，结合自己几年来的实践，谈几点体会：

一、改革开放越深入，经济建设越搞活，越需要坚持和完善民主集中制。

1990 年初，新一届县委成立伊始，我提议召开县委常委扩大会议，邀请人大、政府、政协的领导和各界人士共同协商讨论今后工作的指导思想和经济发展战略，确定了"强农重工、开发资源、加工增值、科技兴县"的 16 字发展方针。以后，又制定了相配套的一系列措施，为加快郏县的经济发展打下了基础。这件事对我启发很大，作为全县领导核心的班长，要做到把握全局，不辜负党和人民的重托和期望，在领导工作中

减少和避免失误，单靠一个人的能力是根本办不到的，必须充分发挥每个班子成员的积极性、创造性，集思广益，群策群力，才能保证县委决策的正确和有效实施。

为了提高实行民主集中制的自觉性和领导工作水平，几年来，我和一班人加强理论学习，经过几年的探索与实践，现已逐步形成了常委会议制度、四大班子联席会议制度、民主协商制度、民主生活会等制度，制定了严格的县委决策程序，有效保障了民主集中制的贯彻实施。

二、深入调查研究，是新时期坚持和完善民主集中制，提高决策科学化水平的前提。

党的十一届三中全会以后，随着改革开放的不断深入，客观形势发生了巨大变化，新事物、新情况层出不穷，各种矛盾纷繁复杂。我们地方党委的主要任务，就是把中央的精神和本地实际结合起来，开展创造性的工作。及时拿出解决新问题的具体措施和办法。要做到这一点，重要的前提条件是调查研究，吃透实际情况。所以每次重大决策之前，我都深入实际进行调查，掌握各方面的情况，然后分析研究，这样在决策时，就能把自己的意见阐述明白，并根据大家的不同意见加以补充完善，达成共识。

1989 年前后，我县乡镇企业中出现了一批自发性的股份制企业，当时，社会上众说纷纭，莫衷一是。为了做到心中有数，我带领有关人员深入到这些企业调查研究，认真听取厂长（经理）和职工的意见，感觉到股份合作制企业在筹集资金、搞活管理、推动市场经济发展等方面有明显优势。在调查研究的基础上，县委及时总结了股份制的四种管理方式、四种分配形式，在全县进行推广，并针对存在的问题，提出了《关于发展和完善农民股份合作企业的意见》，对股份合作制企业的性质、地位、作用、机构、集资方式、分红方式、经营原则等做了比较明确的规定，使之逐步走上了规范化的发展轨道，促进了我县乡镇企业的发展。目前全县股份制企业已达 918 个。

三、坚持通过平等的民主讨论解决意见分歧，才能形成实行民主集中制的良好气氛。

县委书记能否按照民主集中制的原则要求，坚持集体领导和分工负责，处理好多数与少数、书记与委员之间的关系，这对于县委班子的团结至关重要。我历来认为，每个班子成员在人格上是完全平等的，职务的高低是社会分工不同，没有上下尊卑之分，努力创造一种民主平等的、和谐的气氛，使大家畅所欲言，各抒己见，主意大家拿，事情大家干，决不搞"一言堂"。

我县是传统的农业县，农村人口占 90% 以上，实行联产承包责任制以来，随着人口的变化，土地调整频繁，直接影响了农民对土地的投入和耕作管理的积极性。1990 年 5 月，县委准备在全县推行"三田制"和"两田制"。一些同志担心这样做会影响农村的稳定。对这些意见我没有批评，也没有压制，而是采取试点的办法，用事实来打消他们的顾虑。试点经验表明，把责任田划分为口粮田、承包田和经济田，人口增减变化动账不动地，有利于调动广大农民群众的积极性，促进了农村稳定和经济的发展，使联产承包责任制更加完善。在统一思想的基础上，县委提出了《关于稳定和完善家庭联产承包责任制的意见》，在全县农村普遍推行了"三田制"和"两田制"。

四、善于集中，敢于拍板，力戒"议而不决，决而不行"。

县委领导是集体领导，一切重大问题都必须由县委民主讨论，集体决定，书记和委员都只有一票的权利，这是民主集中制的原则。但这并不等于把书记混同一般委员否定县委书记在县里的"统帅"地位。我认为县委书记不但要善于发扬民主，而且更要善于决断，否则就会造成"群龙无首"和"议而不决"的无政府主义状态，同样会削弱领导班子的凝聚力和战斗力。在工作实践中，我深深体会到，作为全县的"一把手"责任重大，一言一行、一举一动都必须十分慎重，稍有疏忽，就会给党和人民群众造成损失。但同时，对认准的事情，该表态的一定要及时表态，该拍板的一定要及时拍板，"当断不断，必受其乱"。优柔寡断，贻误战机，同样会给党和人民造成损失。为了扩大对外开放，改善投资环境，去年县委决定挤出一部分资金投入市政建设，一些同志对此不理解，说："财政这么困难，连工资也不发，摆什么阔气！"针对这种糊涂认识，我在干部大会上反复讲城市建设与经济发展、"筑巢""引凤"的辩证关系。同时，借助七运会乒乓球赛在郏县举办的契机，我们多方筹集资金，展开市政建设大会战，使我县城区面貌短时期内发生了较大变化，对外开放的硬环境得以改善。群众说：县委为郏县老百姓办了一件大好事。

　　几年来，我和县委"一班人"从坚持和完善民主集中制中受益匪浅。今后，我们将在这方面进一步探索，做得更好。

新华社《河南内参》1993 年第八期

心灵感悟

165

一枝一叶总关情

"他心里装着人民群众，唯独没有他自己。"这是焦裕禄精神的精髓，也是焦裕禄同志为人民群众利益鞠躬尽瘁的力量源泉，是我们非下苦功不能学到的"真经"。

我常想，全心全意为人民服务，是党的宗旨，也是我们每个党员曾经立过的誓言。过去战争年代里，无论处境多么险恶，条件多么艰苦，只要有党组织在，有党员在，群众就有了靠山，有了主心骨和凝聚力，为什么？就是因为共产党员舍得为人民群众牺牲自己。焦裕禄作为党的县委书记，拄着拐杖，忍者肝疼，冰雪中探访贫困户，风沙里踏勘碱地沙丘，这种献身精神，为我们树立了热爱人民、服务人民的光辉典范。

近年来，由于一些错误思潮的影响，加上政治思想教育一度放松，我们最宝贵的爱人民、为人民的思想淡化了，党群、干群感情疏远了，公仆与主人的关系在一些领导干部心中颠倒了，有的"公仆"为政不廉，以权谋私，不是考虑为群众办多少实事，奉献多少，而是盘算个人得失，现在重温焦裕禄的事迹，愈感到焦裕禄精神难能可贵！这使我想起了清代郑板桥的一首诗："衙斋卧听萧萧竹，疑是民间疾苦声。些小吾曹州县吏，一枝一叶总关情。"一个封建士大夫尚能如此关心人民疾苦，何况我们这些以全心全意为人民服务为宗旨的共产党人？我原先在平顶山市

下乡调研

郊区当区长，为装满市民的菜篮子和农民的钱袋子，也真没少作难。到郏县工作后时常想，咋能像焦裕禄那样扑下身子，为几十万郏县父老乡亲办几件实事。带着这种心情，我和有关同志用两三个月时间进行逐乡实地调查，后来又"扎"在山区一个最贫困的村子——尖山村。这个村共 26 个自然村，却不通车、不通电，连吃水也困难，1/5 的农户没解决温饱，经过一番深入了解，我们拿出了先修路、先通电等 5 条脱贫意见，立即帮助实施。但是，帮助群众解决温饱问题，仅是问题的一个方面，而要真正找到致富的长策，还得有一个科学的、切合实际的总体规划。于是我和县长牵头，综合多方面调查的结果，分类划区域，排查出郏县工农业方面的优势、劣势，如农业基础较好，工业基础相对薄弱；煤、铝矾土、大理石等矿藏达 18 种之多，开采潜力大，但旱年多，水源少的地理气候条件却制约着农业的发展等。组织有关部门和邀请专家反复论证，终于在前任班子制定的规划的基础上，明确了"强农重工，开发资源，加工转换，科技兴县"的战略思想，从大的方面树立了长期奋斗的雄心壮志，鼓起了群众的实干精神。我相信我们四大班子的成员按这个蓝图领着大伙儿干下去，郏县是大有希望的。

学会倾听人民的呼声，培养热爱人民的感情，必须注意加强自我修养和马列主义、毛泽东思想的学习。我到郏县后，就立了个规矩：自己每年至少有两到三个月到生产一线调查研究。县直机关干部根据实际情况分批分期下去蹲点包村，不干出点实事别回来。党员干部坚持办事公开，人们关注的敏感事情如农转非、招工、分房、调资等必须接受群众监督，养成一种接近群众、联系群众、尊重群众的良好风气。我深深感到，要把焦裕禄爱人民、为人民的精神变成党员、干部的自觉行动也不是一朝一夕所能办到的，但我决心带领大家创造这样一种"小气候"。

1990 年 6 月 26 日《河南日报》

只有爱人民才能为人民

在社会主义现代化建设的新时期，我们党同时面临着执政和改革开放的考验。在这个新的历史条件下，每个共产党员和党的干部怎样加强党同人民群众的联系，怎样使党和人民群众建立起鱼水深情？是一个重大课题，也是一个新的课题。

改革开放十几年来，广大群众对党及党的各级干部是满意的，党群、干群关系的主流是好的。绝大多数的群众是相信党、愿意跟党走的。但是，我们也应看到，在党群、干群关系方面确实存在着一些问题，一部分群众和党员、干部的感情在疏远，一些地方的党群关系形似一种"油水关系"。为什么本该是鱼水之情的党群、干群关系会疏远，甚至势如"水火"？究其原因，其中很关键的一条就是我们的一些党员和干部对人民群众的感情淡薄了，甚至麻木了，爱自己超过了爱人民，难以做到全心全意为人民服务。正像邓小平同志所指出的："我们的同志如果对个人的、家庭的利益关心得太多了，就没有多大的心思和精力去关心群众了，顶多只能在形式上搞一些不能不办一办的事情。"因此，重视和培养各级干部热爱人民群众的朴素感情，在全党牢固树立"爱人民、为人民"的观念，是新时期密切党群、干群关系，巩固党的执政地位的重要途径。

一、"爱人民、为人民"，必须牢固树立"民本"思想，对人民要有真

心实意和真情实感

　　人民群众是我们的立党立国之本。离开了人民群众，党就失去了生存的条件和意义，也就变成了无本之木、无源之水。特别在当前，经济体制改革和政治体制改革步入攻坚阶段，各项社会矛盾比较突出，党群、干群关系面临着新的考验，广大人民对党员干部联系群众、服务群众提出了更高的要求。因此，全体党员干部都必须从内心深处牢牢树立"以民为本"的思想，绝不能对群众虚情应酬，敷衍了事。首先，为人民要真心实意。要把"人民拥护不拥护""人民赞成不赞成""人民高兴不高兴""人民答应不答应"作为想问题、办事情、作决策的基本依据，作为检验领导者是否合格的根本标准。时时刻刻为人民谋利益。其次，对人民要有真情实感。没有人民群众的养育、支持和无私奉献，就没有我们共产党人的一切。热爱人民、全心全意为人民服务则是我们共产党人的天职。

　　二、"爱人民、为人民"，必须坚持"三个有利于"标准，把符合广大人民群众的根本利益作为一切工作的出发点和归宿

　　1992年，邓小平同志在视察南方时的谈话中，进一步把"人民利益至上"的思想概括为"三个有利于"标准，成为我们各级干部衡量是非、开展工作的指南。坚持"爱人民、为人民"，就必须在一切工作中全面贯彻这个标准。在具体工作中，要把握好三点：一是要密切联系群众、真正尊重群众，在充分了解群众意见的基础上决策。邓小平同志讲："实践证明，许多人并非在主观上没有为人民服务的愿望，但是，他们仍然把工作做坏了，使群众受到重大的损失。"为什么呢？"因为他们自以为是先进分子，是领导者，比群众懂得多，因而遇事不向群众学习，不同群众商量，因而他们出的主意，经常在群众中行不通。"因此，要做到全心全意为人民，就绝不能以先进分子、领导者甚至"救世主"的身份，来对群众实行"恩赐"、包办或强迫、命令。只有尊重人民、了解人民、学习人民，才能使各级干部的决策行为与为人民服务的愿望相统一。二是要

2001 年在上海中共一大会址参观

按照绝大多数人的利益来制定政策。我们党和党的各级干部主要是通过制定和执行政策来体现为人民服务这一宗旨的。党的政策是党公开树起的旗帜，人民群众就是根据党的政策在多大程度上代表和反映群众的根本利益来认识党、了解党，从而决定对党的态度的。因此，制定和执行政策，始终是并且也只能是以绝大多数群众的根本利益为出发点。三是要正确处理主观动机与承受能力、眼前利益与长远利益的关系。一些好的决策或政策，从长远看符合群众的根本利益，但如果群众暂时接受不了或心理上、经济上承受不了的，就要慎重考虑、稳妥出台。而另外一些事情，尽管可能使一些人眼前的、暂时的利益受到某些损失，但它从根本上可能给绝大多数群众带来长远的更大的利益，就必须坚定不移地坚持下去。

三、"爱人民、为人民"，必须及时掌握和理顺群众情绪，千方百计让群众高兴和满意一切为了群众，全心全意为人民服务，就必须时刻关注群众的情绪变化，把群众的喜怒哀乐挂在心上。首先，要善于把握群众情绪的变化，把群众情绪作为衡量党的路线方针政策和各项工作的"第一信号"。要充分发挥信访部门、群团组织等的作用，疏通了解社情民意的渠道，及时准确地把握群众的愿望和呼声。其次，要善于做好疏导工作，及时理顺群众情绪。当前特别要注意抓住那些干群关系的"冲突点"、是非界限的"模糊点"、新旧观念的"交织点"和国家、集体、个人利益的"矛盾点"，有的放矢地做好说服和疏导工作，努力把群众情绪理顺。再次，要善于对群众进行教育引导，始终保持健康向上的情绪。必须用建设中国特色社会主义理论武装和统一全国人民的思想，激励奋发向上的积极情绪，把群众的积极性充分调动起来，把民心凝聚到社会主义现代化建设中去。

四、"爱人民、为人民"，还必须坚持勤政、廉政一起抓，始终保持人民公仆的良好形象

在新的历史时期，是否时刻做到"爱人民、为人民"，不仅看制定的政策、作出的决策是否代表群众的利益，还要看各级干部是不是勤政和廉政。只有艰苦奋斗、克己奉公的党员，才会在群众中有巨大的感召力；只有"尽瘁国事"、勤政廉政的干部，才会受到群众的爱护和拥戴。当前，消极腐败现象是群众议论多、意见大、反映强烈的问题，这在某种程度上破坏了党群关系。一些干部丢掉党的优良传统和作风，由俭入奢，贪污受贿，虚报浮夸，甚至腐化堕落，这与全心全意为人民服务的宗旨是格格不入的。去年以来，党中央对领导干部先后提出了"双五条"廉洁自律规定，这是加强党的作风建设、反对腐败的一项重要措施。对此，一定要从原则高度去认识。比如规定领导干部不许坐豪华轿车，这不单纯是坐车的问题，而是与群众之间关系的问题，是政治影响、领导姿态和思想作风的问题。小平同志指出："我们的历史经验是，越是困难的时候，越要关心群众。只要你关心群众，同群众打成一片，不仅不搞

特殊化，而且同群众一起吃苦，任何问题都容易解决，任何困难都能够克服。"这一历史经验有深刻的政治含义。同时还应看到，一个领导干部自身廉洁是十分重要的。但仅仅如此还不够，还必须扎扎实实为群众办实事、谋利益，尽到人民公仆的责任。特别是我国当前正处于发展社会主义市场经济的艰难创业时期，新情况、新矛盾层出不穷，群众中需要解决的困难和问题很多，这就要求我们出实招、办实事、见实效，给人民群众带来看得见的物质利益。因此，我们必须反对那种"公仆"和"主人"关系的"错位"和不关心群众痛痒、高高在上做官当老爷的官僚主义作风；必须克服形式主义，坚决反对那种不深入实际调查研究，不体察民情，仅仅坐在办公室里拍脑袋做决策，只图虚名，不干实事，只考虑自己升迁，不考虑群众利益的行为；必须克服无所作为的懦夫懒汉思想，反对那种墨守成规，不思进取，只满足于守旧摊子，不敢创新业、创大业的现象。每一个共产党员，特别是党的领导干部，都要励精图治，尽职尽责，与人民群众同呼吸、共命运、心连心，把中国特色的社会主义现代化建设事业不断推向前进。

1995 年 2 月 7 日《平顶山日报》

永远保持党和人民群众的鱼水深情

人民群众既是改革开放的积极拥护者、支持者、参与者，同时也是受惠者。十几年来，群众收入逐年增加、生活水平不断提高，这是谁都不会否认的事实。然而，我们不难发现，一部分群众和党员、干部的感情在疏远，一些地方的党群关系形似一种"油水关系"，甚至是"水火关系"。这个问题不能不引起每个共产党员的思索和反省。

目前，影响党群关系的原因归纳起来有如下几点：

第一，改革开放给部分群众带来了一些阵痛。改革开放追求的是民族富强、国家繁荣的整体利益。建立新的社会经济运行机制，改革旧的经济体制和政治体制，是会影响部分人暂时的、局部的利益。如果不能够进行及时有效的宣传教育，很容易使一部分人心理不平衡，造成对党的政策的误解。

第二，党和政府在个别决策和具体政策的执行中的失误，损害了部分群众的利益。由于改革开放是在探索中前进的，难免出现一些政策措施不配套、法律法规不健全、行为不规范的问题。同时，在贯彻执行政策中会有"棚架"现象，使党的政策不能到位，这在客观上就影响了群众利益的及时实现，使群众感觉受到了损害。

第三，腐败现象的滋长蔓延，使人民群众失望和不满。改革开放以

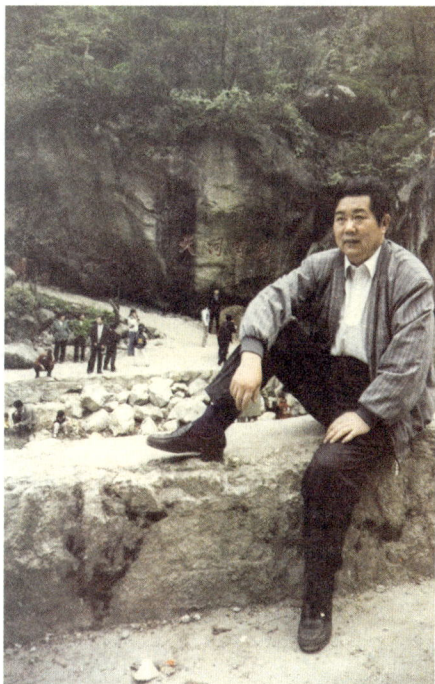

深入山区调研

175

来，党内以权谋私、挥霍浪费、钱权交易、贪污受贿、任人唯亲、有法不依、违法不究等丑恶现象，虽三令五申、查处打击，但效果并不理想，而且呈愈演愈烈之势，严重地败坏了党的形象，人民群众深恶痛绝。

第四，一些党政机关和党员干部为人民服务的思想淡薄，伤害了群众的感情。近些年来，在一些党政机关和党员干部中"衙门作风"、当官做老爷的思想严重，他们不愿依靠人民群众、不愿听取人民群众的呼声，不愿做耐心细致的思想政治工作。官僚主义、命令主义、形式主义、主观主义、浮夸风又重新抬头，损害了人民群众的利益，伤害了群众的感情。

第五，党自身建设的放松和作用发挥不充分，影响了党的形象。在改革开放过程中，党的理想、宗旨、纪律、作风等教育弱化，在提拔新干部、吸收新党员上重才轻德，使一些党员干部在群众中缺乏威信和感召力。有些地方和个别部门，党的领导"淡化"，党组织和党员干部起不到战斗堡垒和先锋模范作用，有的甚至形同虚设，群众有了困难得不到党组织的帮助，使群众对党组织和党员干部的信赖程度逐渐降低。

上述情况，许多问题要做具体分析，有些问题也是在改革开放过程中难以避免的，但我们不能不承认，在影响党群关系的诸多问题上，我们党的广大党员干部有着重大责任，也可以说是主要责任。一个地方党群关系好不好，关键在党员干部而不在群众，广大群众是真心实意拥护共产党，是跟共产党走的。党群关系出了问题，首先是我们的党员干部要做深刻反省和自责。

党和人民群众的关系问题是一个重大问题，它不仅关系着我们改革开放的成败，而且关系着我们党和国家的生死存亡。"水可载舟，亦可覆舟"，"得民心者得天下，失民心者失天下"，古人尚且明白这些道理，作为共产党员更须铭刻在心。我们党有一个优良传统，也可以说是克敌制胜的法宝，那就是密切联系群众，无论何时何地都紧紧依靠群众，和人民群众同呼吸、共命运，争取人民群众最大的理解和支持。这个优良传统，既是我们党的宗旨和性质所决定的，也是我党在长期革命斗争和实践中不断吸取教训、总结经验逐步形成的。共产党就是为人民群众谋幸福的，是人民群众利益最忠实的代表，人民群众离不开共产党的领导，共产党更离不开人民群众，二者是血肉关系、鱼水关系。也正是有了这个优良传统，才使我们党由小到大，由弱到强，战胜一个又一个困难，取得一个又一个的胜利。现在搞改革开放，我们党更离不开人民群众的拥护和支持。如果有人借口改革开放，置人民群众的利益于不顾，既违背了我们改革开放的初衷，同时改革开放也绝不会成功。

在改革开放的新形势下，怎样加强党同人民群众的联系，怎样使党和人民群众建立起鱼水深情，是一个重大课题，也是新的课题。改革开放时期，既不同于革命战争年代，也不同于社会主义建设初期。既需要我们继承优良传统，但在具体做法上又与过去有很大不同。首先要突出

"从严治党"的原则，严格执行党的纪律，坚决查处党员违纪案件，严厉惩处腐败分子。党内的腐败现象是群众最不满、影响党群关系的主要原因之一。党风不正和腐败现象为什么滋长蔓延、屡禁不止？关键还是打击不力，对违法违纪党员干部处理失之于宽，软弱无力，在客观上纵容包庇了一些腐败分子。只有坚持从严治党的原则，通过严惩腐败分子，才能彻底刹住腐败现象，才能得到人民群众的谅解。其次，在深化政治体制和经济体制改革过程中，要充分维护广大人民群众的利益。我们每出台一项政策，每一个大的改革举措，都要深入群众，进行调查研究，听取群众的意见和呼声，防止损害大多数群众利益现象的发生。对有可能影响部分群众利益的，要做好群众的思想政治工作，进行耐心细致的宣传说服教育，绝不能搞命令主义，更不能采取过火举措，要相信广大群众的政治觉悟，相信广大群众对凡是能够解放生产力的政策措施是拥护和支持的。再次，广大党员干部要切实转变工作作风和工作方法，通过脚踏实地的工作，密切党同人民群众的血肉联系。目前，我们的许多政策措施和改革思路都是比较正确的，关键是在贯彻执行中出现了这样那样的问题。解决这个问题的关键，一是要求广大党员干部转变工作作风，少搞些形式主义，少说些大话、多做实事，认认真真地把各项改革措施落到实处；二是切实走群众路线，充分调动广大人民群众的积极性，使党的决策成为群众的自觉行动。最后，广大党员干部必须牢固树立全心全意为人民服务的思想，要理解群众、尊重群众、向群众学习。一切为了群众是我们全部工作的出发点和归宿。我们必须做到急为群众所急、想为群众所想，把群众的疾苦看成自己的疾苦，把群众的利益看得高于自己的利益。要甘当群众的小学生，努力汲取蕴藏在群众中的巨大智慧。通过群众的实践，我们的改革开放事业将更趋成熟和完善，我们党和群众之间的密切联系和鱼水般的深情将更为巩固。

为"官"要有平民心

江泽民同志在党的十五大报告中强调，加强党的作风建设，根本是坚持全心全意为人民服务。他指出："我们党来自人民，植根于人民，服务于人民。建设有中国特色社会主义全部工作的出发点和落脚点，就是全心全意为人民谋利益。"认真学习江泽民同志的重要论述，使我们愈来愈深刻地认识到：一切为了人民，始终服务于人民，构成了建设有中国特色社会主义理论最鲜明的特征，体现了毛泽东思想、邓小平理论关于无产阶级世界观、人生观的最根本的价值取向。作为一名领导干部，学习十五大精神，高举邓小平理论伟大旗帜，就必须进一步强调和坚持全心全意为人民服务的宗旨。

在社会主义市场经济条件下，伴随着对外开放和交流的扩大，资产阶级的腐朽思想和生活方式趁机而入，一些封建思想残余也死灰复燃，自由主义、享乐主义等也呈蔓延之势。在这样复杂的社会现实环境中，如何为官做人，如何实践全心全意为人民服务的宗旨，对每一个领导干部来说都是严峻的考验。我认为，领导干部要真正实践全心全意为人民服务的宗旨，除了加强宗旨教育，培养树立正确的人生观、价值观之外，很重要的是要保持一颗与人民群众一脉相连、息息相通的平民之心。为此，要从四个方面努力：

一要树立平民观念。领导干部在一个地方、一个单位，是人民群众的组织者和领导者，但在整个社会群体中，又是普通的一员。领导干部和人民群众只有分工不同，没有高下之别。为官就是公仆，就是人民的服务员。领导者要时刻认识到自己不过是群众中的一员，只是工作的需要，国家和人民才赋予自己一定的地位和权力。在掌权之后，应该自觉地用党和人民赋予的权力，来造福人民，回报人民，切不要因为手中掌握了某种权力，就居高临下，忘乎所以，甚至以为自己成了天才，而不去倾听广大普通干部、群众的呼声和意见。只有不忘自己是一个普通人，自觉地坚持党的群众路线，时刻以人民群众为师，谦虚谨慎，戒骄戒躁，尊重科学，才能够把工作做好，从而获得人民群众的拥护。

二要强化民心意识。对老百姓的态度如何，直接决定着一个人如何为"官"。古人云："民惟邦本，本固邦宁。"无数历史事实证明：得民心者得天下，失民心者失天下。所谓"民心"，就是指人民群众的共同心愿；"民心意识"即指领导干部以群众意愿为出发点处理一切事务的思维取向。领导干部强化民心意识，就是要时时刻刻"以百姓之心为心"，把是否顺民心、合民意作为衡量工作取舍的唯一标准。要掌握民心就要体察民情。只有深入群众，与群众交朋友，了解群众的真实想法，倾听群

在内乡县衙

工作之余

众的呼声，才能真正把握群众的思想脉搏，知道群众喜欢什么、反对什么，满意什么、不满意什么。只有这样才能做到顺民意而为。要掌握民心，还要注重民利，就是始终把人民的利益放在第一位，始终视个人利益淡如水，视人民利益重如山，不搞花架子，不做官样文章，真正想群众所想，急群众所急，对群众尽实心，办实事，谋实利，以实际行动做公仆。

三要保持平静的心态。淡泊才可明志，宁静方能致远。面对市场经济大潮的冲击，面对金钱名利物欲的诱惑，面对腐蚀与反腐蚀的挑战，领导干部必须善于把握自己，做到胸怀广阔，心底无私，处变不惊，始终保持一种普通、平实、平常的心态。只有这样，才能正确对待个人的功名利禄、荣辱进退，以一种豁达的人生态度为官处事，切切实实为人民谋利益。反之，如果领导者心态出现反常、异常，失去了应有的平静和理智，做事就会目光短浅，急功近利，甚至因自己的利欲障目，给党和人民的事业造成损失。因此，领导者必须加强修养，不贪功逐利，不随波逐流，做到德在人先，利居人后，先忧后乐，摒弃腐朽的义利观，找回自身心态的"平衡点"，找准人生价值的坐标。

四要乐于干平凡的工作。领导者如何用好权力，关键是树立正确的政绩观，从贴近群众生活的细小事办起，从平凡的工作做起。平凡不等于平庸。平凡的工作也能创造不平凡的业绩。最近，国家人事部表彰了10名"人民满意的公务员"，给15名同志记一等功。他们没有什么惊天动地的事迹，只是默默地在各自的岗位上办了一些诸如修长寿公寓、实施"实事工程"、带领群众打井等极为平凡的事情。但正是这些平凡小事，做到了人民心坎儿上，让人民满意。有句俗话说："平平淡淡才是真。"为人民服务，大量的工作是平平常常、细小琐碎的。当前，我市在推进两个文明建设的进程中，存在一些社会矛盾和问题：农村经济发展不平衡；城市就业压力沉重；一些社会热点、难点问题突出，信访量居高不下。各级领导如果都以这些为平凡小事而一推了之，那么群众就不会满意，就不会答应。领导干部都要树立正确的政绩观，既不能自甘平庸，无所作为，辜负了人民的信任和期望，更不能脱离实际，盲目蛮干，干出那些劳民伤财的所谓"政绩"。要以一颗平常之心，扎扎实实地干好每一项平凡工作，把自己的政绩建树在实实在在为群众谋利益之上，建树在埋头苦干、艰苦创业之上。

1997 年 10 月 28 日《平顶山日报》

梅　颂

　　小时候，最爱看的电影是《江姐》，最爱听的歌儿是这部电影的插曲《红梅赞》：

　　　　红岩上红梅开

　　　　千里冰霜脚下踩

　　　　三九严寒何所惧

　　　　一片丹心向阳开　向阳开

　　　　红梅花儿开

　　　　朵朵放光彩

　　　　昂首怒放花万朵

　　　　香飘云天外

　　　　……

　　这首歌以梅花为喻，唱出了革命者的浩然正气和高风亮节。

　　的确，梅花是一种不同凡响的花，着实令人敬佩。北风呼啸，漫天雪舞，百花凋零的时节，独有她凌霜傲雪，凛然开放，芬芳吐艳，愈显高洁。"万花敢向雪中出，一树独先天下春"，当她暗香浮动，生意盎然，给人们送来春的信息，迎来艳丽动人的春天时，她又功成隐退，悄然离去，不与百花争艳，更显出她的高贵。

大雪压青松

　　梅花这种超凡的魅力，曾使古往今来的仁人志士为之倾倒，留下了许多脍炙人口的诗文和风流佳话。

　　明代高启《梅花九首其一》诗写道：

琼姿只合在瑶台，

谁向江南处处栽？

雪满山中高士卧，

月明林下美人来。

寒依疏影萧萧竹，

春掩残香漠漠苔。

自去何郎无好咏，

东风愁寂几回开。

　　人们不仅拿梅花寄情抒怀，而且还常把梅和松、竹相并提，合称为"岁寒三友"，誉梅、兰、竹、菊为"四君子"。宋朝初年，林和靖隐居杭州西湖，终身不仕，以赏梅养鹤自娱，羡煞后来钟情自然、追求自由的人们，以至于明朝的袁中郎说：孤山处士妻梅子鹤，是世间第一种便宜人。

一代伟人毛泽东生前特别欣赏梅花，他一生恋梅、惜梅、品梅、咏梅，与梅花结下了很深的情缘，并留下了不少动人的故事。1961 年，中国正值三年困难时期，毛泽东以大无畏的气概写出了著名的诗篇《咏梅》："已是悬崖百丈冰，犹有花枝俏。""待到山花烂漫时，她在丛中笑。"这些人们争相传诵的佳句、警句，鼓舞了全国人民团结一致战胜困难。

本不爱养花的我，如今对梅却情有独钟。乔迁新居之后，院中有了空地，第一件事就是栽株梅花。

天降瑞雪。早上起来，推门望去，遍地洁白，庭院寂寥，唯有院中那株梅花格外引人注目，一缕幽香伴着飞舞的雪花扑面而来。你看她：横斜疏瘦，幽姿著意，冻蕊含香，风味殊胜，真可谓"众芳摇落独喧妍，占尽风情向小园"。也就是这株梅花，给我的生活带来无穷的乐趣。晨练归来，馨香扑鼻，使我心旷神怡；下班回来，看一眼玲珑剔透的簇簇花朵，就会忘却全天的疲劳；晚上看书感到困倦时，月光下在梅花边站一站，就会精神倍增。正像一首诗中写到的："爱花终日对琼林，饱玩豪吟兴趣深。檀板金樽非乐事，此心清白是知音。"有时候，长久地凝视这株梅花，仿佛觉得它就是一位懂自己、爱自己的知己，在它面前，与之交谈，对之倾诉，会忘却一切烦恼。

古人的影响，伟人的启迪，使我深深地爱上了它。我爱它凌寒开放、坚韧顽强的性格。大雪压枝不低头，寒风之中展笑靥。我爱梅花不畏险阻、战胜困难的勇气；我爱它"无意苦争春，一任群芳妒，零落成泥碾作尘，只有香如故"的高洁品质，像梅花一样，做人就要做一个纯洁的人、一个高尚的人，像梅花一样坚贞操守，洁身自好，自强不息。

以科学理论为指导，全面提高领导水平

党的各级领导干部，是社会主义建设的领导者、组织者。领导干部只有兼备理论的力量和领导实际工作的能力，才可能在任何情况下，都能清醒坚定地率领大家前进，不断夺取新的胜利。因此，各级领导干部必须带头学好学深邓小平理论，以科学理论为指导，不断提高执政能力和领导水平。

一、学习理论和工作实际相结合，提高解决问题的水平。在纷繁复杂的现实面前，如何认识、分析和解决问题，是衡量领导干部素质能力的重要标志。当前我们正处于发展的关键时期，改革进入全面攻坚阶段。面对不断出现的新情况、新问题，需要我们各级领导干部认真学好邓小平理论，提高分析解决实际问题的能力。邓小平理论是我们这个时代最伟大的理论，是我们观察、分析和解决问题的锐利思想武器。领导干部必须更好地掌握和运用这一武器，不断地研究新情况、解决新问题、开拓新局面。

二、吃透"上情"和摸清"下情"相结合，提高执行政策的水平。一切从实际出发，解放思想，实事求是，是邓小平理论的精髓。领导干部在制定或执行政策的过程中，必须从实际出发，吃透"上情"，摸清"下情"，找准二者的结合点，创造性地把上级的方针、政策落到实处。还有一些在农村工作的同志感到中央"土地三十年不变"以及减轻农民负担的一些具体规定等政策执行起来有难度。解决这些问题的根本办法就是吃透上情、摸清下情，找准上级方针政策和当地实际的结合点。中央的路线、方针和政策是根据全国范围内的情况制定出来的，是对事物的普遍性、共性的概括和反映，对我们的工作具有普遍的、一般的指导意义。作为一名领导干部必须首先学深学透党的政策和规定，弄清楚什么事能干，什么事不能干，保证政令畅通。同时，由于各地区、各部门的具体情况千差万别，具有特殊性，这就要求领导干部必须深入实际调查研究，全面了解当地的实际情况，才能找到工作的最佳切入点，制定出切实可行的实施方案。

三、继承借鉴和发展创新相结合，提高创造性工作的水平。创造性地开展工作，是我们党一贯坚持的一种有效工作方法，也是衡量领导干部的领导水平、素质的基本要求。在当前改革和发展面临重重困难的情况下，能否创造性地工作，更是领导水平的重要体现。事物总是不断发展变化的，事物的发展包含着肯定和否定两个方面，呈现出螺旋式上升、波浪式前进的过程。这就要求领导干部在实际工作中坚持把继承借鉴和发展创新有机地统一起来。创新是我们事业真正生命力之所在。邓小平同志提出的"三个有利于"标准，为我们开拓创新提供了广阔的空间。对于任何一个地方、部门和单位来说，由于主观认识和客观条件的局限，即使今天实践证明是非常成功、非常有效的工作思路、办法和经验，也不一定永远就是最好、最有效的，而需要不断探索、不断创新，使之日趋完善。但是，发展创新并不意味着可以完全舍弃过去，否定历史，相反，必须以前人的事业为基础，以过去的成绩为新的起点。如果说没有创新就没有发展、没有进步的话，那么，没有继承也就不可能有更好的发展、更快的进步。因此，对于领导干部来说，要处理好上届与下届、前任与后任的关系。一般地说，对前任的工作成绩要给予充分肯定，工作思路不能轻易否定，尚未完成而又切实可行的工作规划、计划要继续努力完成，坚决反对为追求"轰动效应"而乱点"三把火"，搞形式主义。同时，又要根据变化了的新情况，对前任的工作思路、规划、计划作适当的调整、补充和完善，通过创造性工作，

努力学习、孜孜不倦

为下一届的发展奠定坚实的基础，以保持工作的连续性和稳定性。

四、领导个人努力和发挥群众作用相结合，提高群众工作的水平。领导者个人的主观努力是提高领导水平的前提条件，但其领导水平的最终体现，则是对群众的组织指挥能力和对群众的影响力。首先领导干部要淡化个人名利意识，增强事业心和责任感。如果一个领导干部一心追求个人的名利得失而置群众的利益于不顾，那么他终将被人民群众所抛弃，对群众的影响力、号召力就更谈不上。其次要善于团结一班人同心协力干事业。班子是否团结，对于提高领导水平干系甚大。一个不团结的班子，就很难把群众组织和凝聚起来。再次要树立群众观点，走群众路线。只有人民群众才是历史的创造者，才是社会实践的主体，领导干部的价值和作用必须通过人民群众的实践才能实现。领导干部必须善于做群众工作，成为做群众工作的专家，这样，执政能力才能增强，领导水平才能提高。

1998 年 12 月 6 日《平顶山日报》

做人讲人品，为官重官德

胡锦涛总书记提出的树立社会主义荣辱观，涵盖了个人、集体、国家三者关系，它不仅是对全民道德素质的要求，同时提出了新时期党政官员的基本道德素养，涉及为官者的人生态度、公共行为以及社会责任，对于我们今天的官德建设有着极强的针对性及指导性。在新的历史时期，做人讲人品，为官重官德是对每个领导干部最起码的要求。那么，新时期的各级官员在执政中如何才能实实在在地践行"八荣八耻"呢？

在学习中为官做人，在为官做人中学习

领导干部职务高，手中的权力大，但并不等于掌握的真理多，不等于水平高、威信高。人的水平、能力、品德，不会随着职务的提升而自然上升，只有不断学习，才能有效地充实、提高自己，获得与岗位相称的知识和能力，完成党和人民交给的任务。如果走上领导岗位以后产生错觉，以为各方面都比别人强，放松学习，放松世界观改造，思想就会落后于形势，就抵挡不住各种诱惑，迟早要犯错误。智为进德之基，学为立身之本。真正的学习，应当是心灵与行为的改变，通过学习，切实做到自重、自省、自警、自励，从知识中汲取营养，陶冶情操，培养健康的生活情趣，从而使人的整体素质得以优化和提升，始终保持共产党

人的蓬勃朝气、昂扬锐气、浩然正气。

从实践和自我解剖中提升道德品质

    领导干部大都是经过民主推荐、组织考察、实践检验后逐级提拔上来的，相对来说各方面素质比较好，但也不可能是洁白无瑕的，也存在着各种各样的缺点、错误和不足，因此，就必须经常对自己的言论和行为进行解剖和反省。在平时的工作、学习和生活中，领导干部要经常查一查，想一想："革命为什么，当官做什么，身后留什么"；自己哪些言论和行为是符合社会主义道德原则的，需要坚持的；哪些言论和行为是违背社会主义道德原则的，需要坚决改正的；对党是否忠诚，为官是否清廉，为民是否尽力。只有这样道德修养才能加强，道德品质才会提高。历史上，我党正是靠了认真的而不是敷衍的、实际的而不是空洞的自我解剖和自我反省，才不断实现自我更新。马克思主义伦理学也特别强调实践的作用，认为道德修养的一个重要原则，就是道德理论和道德实践相联系，要身体力行。作为领导干部，不仅要学习社会主义道德理论，掌握社会主义道德规范和道德原则，而且更重要的是，必须把这些道德规范和道德原则运用到自己的实践中去，运用到自己的生活、学习和工作中去，并以这些准则作为镜子，对照检查，改正以至涤荡自己思想中一切与此相反的东西，从而不断提高自己的道德品质。

2003 年 2 月当选为周口市市长

参观中南海西花厅，敬爱的周恩来总理永远是学习的榜样

位尊不泯公仆心，权重不移为民志

党员领导干部必须明白"为谁掌权，为谁服务"的道理，把心系群众作为为官从政的基本要求。"人无廉耻枉做人，心无百姓莫为官"。为官从政，要解决好与人民群众的感情问题。在任何时候任何情况下，与人民群众同呼吸共命运的立场不能变，全心全意为人民服务的宗旨不能忘，坚信群众是真正的英雄的历史唯物主义观点不能丢。始终把体现人民群众的意志和利益作为一切工作的出发点和归宿，知任图进，知责思为，真正代表人民掌好权、用好权。绝不把手里的权力私有化、商品化，绝不把权力当作个人捞取好处的资本，搞权力"寻租"，绝不滥用权力、欺压群众。在发展社会主义市场经济的条件下，在体制转轨时期，不法分子总是千方百计地用金钱、美色来引诱领导干部，拉你下水，搞权钱交易、权色交易，党的领导干部要始终保持清醒头脑，保持高度警觉，自觉维护权力的尊严。作为领导干部，只有牢固树立了马克思主义的世界观、人生观、价值观，才能摆正自己与群众的关系，自觉地以人民利益为最高利益，做到权重不移公仆心，把群众的安危冷暖放在心上；才能

提高觉悟，坚定信念，锤炼意志，增强免疫力，做到政治立场不动摇，理想信念不淡化，大是大非不糊涂，党性原则不丧失。反之，就会把权力当成谋私的工具，亵渎人民赋予的权力，最终必然走向腐化堕落。

践行"八荣八耻"，必须自觉做到"四慎"

目前，在监督机制尚需健全、监督乏力现象依然存在的情况下，强调领导干部道德的自律尤为必要。实现严格自律，必须做到"四慎"。一要"慎微"。要明白"不矜细行，终累大德"和"千里之堤，溃于蚁穴"的道理，在从政道德的修养上，防微杜渐，谨小慎微，从"小节"做起，"勿以恶小而为之，不以善小而不为"。二要"慎独"。慎独方能立德。加强慎独修养，要做到"吾日三省吾身""一念之非即遏之，一动之妄即改之"。要在"隐"上下功夫，无论在何时何地何种情况下，都能坚守自己一尘不染的思想阵地，都能自己管住自己，努力在那些看不见的事情上做到固本守节、清正廉明。三要"慎欲"。"世路莫如人欲险，几人到此误平生。"老子也说："祸莫大于不知足，咎莫大于欲得。"这是因为，"欲多则心散，心散则志衰，志衰则思不达"。现在一些人拉拢腐蚀领导干部，往往从个人的嗜好上打开缺口，是"你有所好，他必诱之"。"见欲而止为德"，作为领导干部，一定要清心寡欲，淡泊名利，以天下为己任，视富贵如浮云，过好名位、权力、金钱、美色、亲情五关。四要"慎终"。道德修养贵在持之以恒、始终不懈、一以贯之，"慎始"又"慎终"。毛主席说，一个人做点好事并不难，难的是一辈子做好事而不做坏事。领导干部在思想修养和道德情操上，要始终做到见贤思齐，见不贤而自省，经常反思自我、完善自我，努力实现政治坚定性与道德纯洁性的统一，清清白白做官，堂堂正正做人，认真践行"八荣八耻"，永葆共产党员的先进性。

心灵感悟

191

从"上善若水"中学习管理艺术

老子在《道德经》第八章中以水喻道，引出一段水之美的人生艺术，集中讲了一个得"道"的领导者应当具备的人格、德行、心态与行为。

老子说："上善若水，水利万物而不争，处众人之所恶，故几于道。居善地，心善渊，与善仁，言善信，政善治，事善能，动善时。夫唯不争，故无尤。"

老子在这里提出了水的性格、品德和行为，指出水具有滋润万物的本性，却与万物毫无利害冲突，水具有宽广的胸怀，毫无所求，甘居众人厌恶的卑下之地，水的德行是接近于"道"了。

老子说的"上善若水"，意思就是最上等的善就像水，最上等的德行莫过水的德行。这句话是总纲，提出了水代表上善的著名命题。俗话说："人往高处走，水往低处流。"作为一个领导者，应当学习水的智慧，学习水的人生艺术和管理艺术。

水之所以作为善的形象比喻，是水的性质和功能来决定的。因此在这个总纲之后，老子接着又提出了两大原则：一是水善利万物，只讲贡献不讲索取；二是水与众不同，处众人之所恶。前者是以水的最大功能作为建立这个原则的依据；后者是以水的最显著的性格作为建立这个原则的基础。

在"上善若水"的总纲之下，老子还讲了七条准则：居善地，心善渊，与善仁，言善信，政善治，事善能，动善时。这七条准则是从水的七种特性里引申出来的，是谓"七善"。由于水具备了这些完善的品性，所以它根本不必与人争利夺权，天下没有人能比得过它，也没有人能争得过它。

第一"居善地"，学习水谦下自处的风格。

居善地的原则，是说水流善下而不居于高处，管理者立身处事也应如此，要时刻保持谦虚卑下的态度。一个管理者应该怎样选择自己的站立点？是低姿态，还是高姿态？是选择艰苦困难的地方和岗位，还是选择优越的地方和岗位？我以为应该选择低姿态，选择艰苦困难的地方和岗位。这样不仅可以受到磨炼，而且可以造就自己的品德和才能。司马迁曾说过："昔西伯拘羑里，演《周易》；孔子厄陈、蔡作《春秋》；屈原放逐，著《离骚》；左丘失明，厥有《国语》；孙子膑脚，而论《兵法》；不韦迁蜀，世传《吕览》；韩非囚秦，《说难》、《孤愤》；《诗》三百篇，大抵圣贤发愤之所为作也。"这些先贤是当时形势迫使他们处于恶劣低下的环境，从而成就了他们的不朽之作。

处众人所不愿处的恶劣处境而奋发有为，更多的是一种品格。一代伟人毛主席倡导的艰苦奋斗的作风和共产党员所应有的品格正是这种品格。她曾经指引我们几代党员和干部自觉到艰苦的地方去建功立业，从而涌现出焦裕禄、孔繁森等为代表的一大批优秀共产党员和人民的好干部，他们的事迹和精神是人民永远不会忘怀的。

第二"心善渊"，学习水大度能容的胸怀。

"渊"是《老子》用来形容"道"的概念，称"渊兮似万物之宗"，"心善渊"就是指一个得道的领导者应该像水那样深沉宁静，透彻明净，能够抛弃众多物欲的约束，不贪图，不强求，顺应自然，保持心胸宽广，眼光深远。这是一种不问收获只知耕耘的精神，古今之成大事者，均有赖于这种大度能容的胸怀。唐太宗心善渊重用犯颜进谏的魏徵，遂有"贞观之治"。项羽勇猛但心胸狭窄，刚愎自用，不能容人，其谋臣勇将纷纷叛离，刘邦虽然只有十万之兵，却能容纳韩信及一帮文臣武将，遂得天下。

"心善渊"，既是个心胸度量的问题，也是个学问知识的问题。心胸度量是看人能不能容物，老子一再强调江海为百谷王（《道德经》第六十六章），就是说，领导者的心胸要像江海一样地博大容物。地位越高，心胸就要越大。有心胸度量才能接纳别人的聪明才干和积极建议，这都是帮助自己成功的要素。正如俗语所说"宰相肚里能撑船"，也就是这个道理。相反心胸狭窄，眼光如豆，自高自大，自以为是，就会产生巨大的排斥性，使贤者远离，那是肯定成不了大事业的。

老子主张的学问知识，是"以百姓之心为心"的大学问大知识。老子说："圣人无常心，以百姓之心为心。"这是说一个有道的领导者，要以老百姓的意志为意志，而不要把自己的意志强加给老百姓。领导者要勇于抛弃自己的成见，以人民的意见为意见。好的意见，要听得进去，不好的或反对的意见，更要听得进去。管理者不能靠个人意志决策，必须依靠集体智慧，只有这样，才能够保证决策的科学性。

实行决策体制的民主化将有利于决策体制的科学化。许多发达国家涉及政治、军事、经济和管理的策划和咨询机构如雨后春笋，蓬勃发展。我国近年来也已认识到这个问题的重要性，但是独立的民间研究咨询机构尚不发达，企业的咨询意识还不强，宁愿大量花钱打广告，却舍不得搞咨询做策划。

第三"与善仁"，学习水仁慈柔和的美德。

水润泽万物而不求回报，因此而成就了自己的伟大。"与善仁"，即以"慈爱"的方法来待人接物，要真心地关心别人，帮助别人，但不奢求任何的回报。对于一个有道的领导者来说，则提出了更高的要求，这就是对人民群众要仁爱。

近两年我们周口市政府下大力气解决群众的吃水问题，为了让群众吃上水、吃好水、长期吃上安全水，我们重点抓了农村饮水安全工程建设，共解决9个县（市、区）84个村、163816人的吃水问题。就是以仁爱对待人民群众，不断改善他们的生存条件。

19世纪空想社会主义者欧文曾在资本主义的汪洋大海中试验以社会主义原则改革他自己的工厂管理，改善工人的工作条件和生活待遇，举办托儿所、

努力当好人民公仆

职工子弟学校等福利设施，结果他的工厂生产成本远低于同类的资本主义企业，尽管他的试验当时为资本主义社会所不容而破产，但他对工人的仁爱之心和提高工人积极性的做法是值得我们企业领导人深思的。

近些年部分新兴的民营企业生产条件恶劣，环境污染严重，工资待遇偏低，企业员工权益无法保障，由于农民工的供给大于需求，怕被老板开除而忍气吞声；有的国有企业的负责人侵吞国有资产，化公为私，买断职工工龄的钱同员工的多年劳动积累不相称，其原因除转制过程中的法制漏洞外，就是企业领导人没有认识到以仁爱对待职工，提高他们的工资待遇，改善他们的工作环境，保障他们合理的生活待遇是提高职工积极性的重要手段。我国企业领导人应吸取道学文化的精华，形成有利于团结员工的企业文化，为企业发展壮大提供优良的人力资源。

第四"言善信"，学习水诚信无伪的准则。

水自高而下顺势流淌，潮涨潮落如期而至，这就是信。人是社会中的人，人离不开交往，交往离不开信用，一个讲信用的人必须是前后一致，言行一致，表里如一。因此我认为：诚信无伪是一个人的立身之本，人格体现，是人生的最高准则，是一个管理者的必备素质。

《老子》一书中多处谈到"信"的问题。"言善信"主要讲有道的领导者对人民要讲诚信，"信不足焉有不信焉"（第二十二章），就是管理者诚信不足，老百姓就不会信任他。"信者，吾信之，不信者，吾信之：德信。"（第四十九章）老子认为诚实的人，要信任他们，不诚实的人，也要信任他们，这样就得到了人们的信任。"夫轻诺必寡信"，即轻易许诺别人的要求，势必很少遵守信约。要取信于人就不能轻易许诺不能兑现的事情。"信言不美，美言不信。"（第八十一章）老子要人们警惕诚实的言谈并不漂亮，漂亮的话语并不真实。"多言数穷，不如守中"，老子告诫领导者：政令繁苛，朝令夕改，会加速失败，不如保持虚静。

信用是一切政治、社会、经济的根本。任何时代，人与人的关系都离不开诚信，否则就会带来社会的混乱。现代市场经济就是信用经济，更离不开诚信。我国当前经济生活中，不讲信用比比皆是，多年前就存在的"三角债"至今尚未解决，企业借国家银行钱存心不还，以致呆账累累，厂家、商家搞假冒伪劣，坑害消费者的行为更是令人生畏，照此下去，企业、银行将如何应对跨国公司和外资银行的竞争，保护并扩大市场占有率，加速资金周转和积累，使社会再生产顺利进行？可贵的是如今已有一些现代企业把诚信作为企业的根本，只有这样的企业才会做大做强，而那些不讲信用的企业终将被市场淘汰。

作为一级政府的领导者要讲诚信，就不能朝令夕改，出尔反尔，说了不算，我们必须清醒地看到"百姓皆注其耳目"，是绝对糊弄不了的。

第五"政善治"，学习水约束自己的品质。

水性平正而善于约束甚至委屈自己，这是水不同于其他物质的重要表现之一。水是善于约束和委屈自己的最佳物质，当它散落于四方的时候，它被地球上所有的生命利用而毫不吝惜；当它汇集起来之后，虽然具有了排山倒海之势，却仍然沿着固定的道路而行。老子希望人们能够效法水的品质，以约束和调整自己来适应自然。

老子主张为政要像水那样以正治国，顺理成章，有条有理，"无为而治"。老子有三项最简单易行的建议，也可以叫三个基本原则。

一是廉洁。老子在谈到"强盗社会"时，列出了七个症状（第五十三章），他认为最令人担心的是在实行中走邪路。他说，清静无为的自然之道犹如平坦的大路，很平坦，至简至易，以此道治国必然国泰民安。贪污腐败之所以被列为第一，因为一贪污，就必定腐败，一腐败，就必定无能。只要贪污能够肃清，在百姓面前就有了信用，得到尊敬，百政自然迎刃而解、人和政通、顺利成功了。

二是要高瞻远瞩，一切都要走在人家头里。老子说："其安易持，其未兆易谋，其脆易泮，其微易散。为之于未有，治之于未乱。"（第六十四章）在一切事情未发生之前，已经看到了，并且处理掉了。不能等到事情发生后，还不知道怎么回事，再来研究，再来想方设法去补救。

三是要有气势。"营（身体）魄（魂魄）抱一"（第十章）。国要有国魂，城市要有城市精神，这也就是使命。人若没有了使命感，就会颓废自丧。领导者必须是使命的创造者，气是领导打出来的。一个团体若是没有了中心思想，就不能有生存的目的，就丧失了气势，整个团体就可能变成麻木不仁，很多人都会因此沉沦。是谓：哀莫大于心死。

现代社会经济纷繁复杂，政府职能不可能像以小生产为基础的经济时代那样简单，但遵从客观规律行事则是一致的。在我国，当务之急是深化市场经济体制改革，健全市场经济主体，使人民群众真正以市场经济主体的身份，顺应市场经济规律而动，政府则在规范市场经济秩序方面下功夫，当好 "守夜人"，决不能凭借手中权力乱干预市场经济主体，与民争利。

第六"事善能"，学习水方圆有致的修为。

水具有柔弱的形体，能方能圆，无所不及。老子巧借水的本性告诫我们，凡事要竭尽全力，讲究做事的方法。一个人若只有"方"而没有"圆"，必然会经常碰壁，一事无成。相反如果只有"圆"而没有"方"，多机巧，却又是没有主见的墙头草。"方圆有致"才是智慧与通达的成功之道。

"事善能"，善者，果而已（第三十章）。就是必须拿出成果来，有成果就是善。而要拿出成果就必须具备"方圆有致"的能力。

老子首先强调要有办事的技巧。他说：图难于易，为大于细。天下的难事必作于易；天下的大事必作于细（第六十三章）。违反了这个原理，事情就很难办得成。其次，必须按部就班，不能急躁。企者不立（踮起脚来站，就站不稳），跨者不行（两步当作一步走，就走不远。）（第二十四章）。欲速则反而不达。凡事预先缜密地计划好，临事而惧，好谋以成。不然，事情即使侥幸暂时办成了，也必然后患无穷。再次要选贤任能。当今社会经济科技高度发展，宏观的高层管理者需要有统驭全局的能力，要有健全的选拔各级领导者的机制，使得国家的事情、地方的事情、部门的事情都有相应能力的人来承担，才能办好。

第七"动善时"，学习水及时而动的艺术。

河上公说："夏散冬凝，应期而动，不失天时。"可见水是非常典型的随自然而变的物种。一个有道的领导者，应当学习水的艺术，顺其自然，不失时机。条件不成熟时不勉强去做，条件成熟了顺其自然去做，正确把握周围的环境与条件，努力寻找天时、地利和人和的交汇点，仔细品味，我们现在提出的科学发展观，正是老子思想的延伸。

"动善时"就是行动要抓住时机，怎样抓住时机，《老子》还有精辟的论述："其安易持，其未兆易谋。其脆易泮，其微易散。为之于未有，治之于未乱。"其意思是说，事情在稳定的时候容易维持；事情还没有出现变化的迹象时，容易对付；在脆弱的时候容易分解；在微小的时候容易消除。要在事情还没有发生变化时就把它做好，要在动乱还没有发生时就把它治理好。这就是我们常说的要见微而知著，要善于发现问题的先兆，把问题解决在萌芽状态。

《老子》又说："合抱之木，起于毫末；九层之台，起于累土；千里之行，始于足下。"这就是说，任何工作都必须足踏实地，一步一步地去做，不要想一蹴而就，不要急功近利，才会取得成功，这叫作慎之于始，正如俗话说的"万事开头难"。

《老子》又说："民之从事，常于几成而败之，慎终如始，则无败事。"这是说在工作快要取得成功的时候最容易松懈，必须始终抓紧，否则就会功败垂成。

《老子》还说：要选择事情的难易大小，"图难于其易，为大于其细：天下难事，必作于易；天下大事，必作于细"。这就是说做任何事情都要从难处着眼，从易处着手；从大处着眼，从小处着手，从战略上重视困难，从战术上藐视困难。

《老子》这些思想教导我们要善于发现机遇，及时抓住机遇，善于发现挑战，勇于迎接挑战。

胡锦涛总书记指出："同世界先进水平相比，我国的经济实力、科技实力、国防实力还存在很大的差距，我国仍然面临发达国家在经济科技等方面占优势的压力，面临复杂多变的国际局势，国内繁重艰巨的改革、建设任务和我们党肩负的历史使命。"周口目前还是一个经济欠发达地区，我们要认真分析世界经济科技发展的新趋势，发现对我市有利的新机遇，充分利用发达地区产业结构进一步高级化，制造业将向劳动力价格低廉的中西部转移的趋势，加强企业的研发能力，创新自己的核心技术，争取更多的资金、技术流向周口。我市民营企业起步时间较晚，如何吸取国际著名企业的成功经验，找准机遇，发挥后发优势，争取跨越式前进，就成为我市各级政府和企业界刻不容缓的任务。

老子以水喻道，讲了一连串有道者的行为大准则，既是一套水式人生哲学，也是一套水式管理哲学；既可以作为我们的思维方式，也可以作为我们的行为方式。它是一门世界上独一无二的学问，是各级领导者素质教育、道德教育和领导艺术教育的必修课。

2008 年 11 月 1 日，老子文化网

加强党性修养重在自觉强化"五种意识"

这次在延安干部学院参加第 11 期正厅局长专题培训班学习，通过课堂讲授、现场体验和老师点评、音像教学、专题讲座和交流研讨，受到了革命传统和党性党风教育。短短 7 天，收获颇丰，受益匪浅，深感作为一名领导干部在新的形势下要把加强党性修养作为必修课题、终身课题，坚持自我教育，自觉强化五种意识。

一、要自觉强化信念意识

党中央在延安的十三年遇到无数的艰难险阻。但我们党从来没有被困难所吓倒，始终坚持革命的崇高理想，以革命一定要胜利的坚强信念，最终夺取了全国政权，建立了中华人民共和国。理想信念今天仍然是党性修养的根基，是安身立命的支柱，是从政道德的灵魂。"崇高的理想信念，始终是共产党人保持先进性的精神动力。共产党员有了这样的理想信念，就有了立身之本，站得就高了，眼界就宽了，心胸就开阔了，就能自觉为党和人民的事业而奋斗。"然而，在现实生活中，我们共产党人经常讲、反复讲的一个老话题，在一些党员干部中，并没有真正解决好。在社会转型期，各种思想观念深刻裂变并不断发生撞击的过程中，经不起考验，忘记了自己的誓言和追求，理想信念动摇，对马克思主义信仰不坚定，对中国特色社会主义缺乏信心，偏离了正确的人生航向。有的甚至认为"政治是虚的，理想是远的，权力是硬的，票子是实的"。理想信念动摇到这一步怎么会不出问题犯错误呢？省质量技术监督系统近几年来，两名厅级干部、五名处级干部经济上犯错误、栽跟头，从根本上讲，就是放松了世界观的改造，不能按照党性要求进行自我改造、自我约束、自我教育，理想信念发生了动摇。"物必自腐而后虫生。"现代心理学中的动机圈理论认为，在一个人所有的动机中，最核心的部分是理想信念，决定着人的观念和行为。无数事实也反复证明，理想的动摇是最危险的动摇，信仰的危机是最致命的危机。人一旦丧失信念，就会像一头疯狂的野兽，不是掉进深谷自取灭亡，就是被猎人开枪打死。树立远大的共产主义理想，坚定不移地走中国特色社会主义道路，是我们党几代人经过艰辛的探索所得出的而且已被实践证明了的正确道路。作为各级党员干部，都曾经站在党旗下，给党做出过庄严的承诺，应该始终坚信自己的信念，应该自觉感悟到进了党的门，就应该真正成为党的人，站得更高点，看得更远点，胸怀更宽广点。坚定不移地用马列主义、毛泽东思想和中国特色社会主义理论体系武装自己的头脑，做真学真懂真信真用的表率；坚定不移地把党的利益放在高于一切的位置上，善于和敢于同那些违背党的利益、损坏党的形象、动摇党的信念的行为作斗争；坚定不移地传承党的优良传统和作风，大兴密切联系群众之风，大兴求真务实之风，大兴艰苦奋斗之风，大兴批评与自我批评之风。义无反顾地引领广大党员为实现远大目标和当前目标而努力奋斗。绝不能一遇到风吹草动就动摇自己的信念，要有"咬定青山不放松"的思想境界；绝不能一遇到困难和挫折就怀疑自己所选择道路的正确性，要坚持不折腾、不懈怠、不放弃；绝不能一遇到一些阴暗面就一叶障目，不见泰山，要坚信我们党有能力克服自身存在的问题，把我们的事业不断推向前进；绝不能一遇到个人利益和党的利益发生矛盾的时候就怨天尤人，患得患失，要坚持把自己的前途、事业和党的前途、事业"捆"在一起，自觉为党分忧，为国尽责，为民奉献，自觉抵制来自方方面面的干扰和诱惑，谨防丧失信念，蜕化变质。

二、要自觉强化宗旨意识

党中央在延安十三年，时刻生存在群众之中，关心群众的疾苦，倾听群众的呼声，为群众排忧解难，开创了党群关系最好时期，使革命斗争有了最广泛的群众基础，最深厚的力量源泉。党和人民群众的这种血肉联系，是小米加步枪打败飞机加大炮的奥秘所在。胡锦涛总书记指出："实现好、维护好、发展好最广大人民的根本利益，是我们一切工作的出发点和落脚点。"我们党的根基在人民，血脉在人民，力量在人民。我们党的最大政治优势是密切联系群众，党执政后的最大危险是脱离群众。有没有一颗为群众谋取利益之心，也是检验党性修养的试金石。作为各级党员干部，在自己的工作岗位上恪尽职守，权为民所用，情为民所系，利为民所谋，就是我们党全心全意为人民服务根本宗旨的重要体现。从总体上讲，各级党员干部的党性观念是强的，宗旨意识是牢的，能够和党同心同德，在各自的工作岗位上较好地发挥着中流砥柱的作用。但也毋庸讳言，有悖于党的性质和宗旨的问题在一些地方还不同程度地存在，正如党的十七届四中全会所作出的《中共中央关于加强和改进新形势下党的建设若干重大问题的决定》中所指出的，有些领导干部宗旨意识淡漠、脱离群众、脱离实际，不讲原则、不负责任，言行不一、弄虚作假，铺张浪费、奢靡享乐，个人主义突出，形式主义、官僚主义严重，等等。这些问题在全省质量技术监督系统也都不同程度地存在着。为解决这些问题，省局党组自觉做到"四个坚持"，切实强化宗旨意识。一是坚持树立正确的群众观点。力行问政于民、问需于民、问计于民。坚持走群众路线，大兴调查研究之风。省局主要领导带头基本跑遍18个市局和158

个县（区）局，始终对系统的干部职工充满感情，把他们当主人，当亲人，当老师。不仅了解到了实情，解决了问题，而且还温暖了人心，促进了发展。二是坚持多办为民谋利的实事。把躬耕践行党的宗旨，寓于关注民生、重视民生、改善民生，顺应民意、化解民忧、为民谋利的实事中。先后申请、筹建、完成10多个国家级检测中心，投入7000余万元充实、完善基层技术机构建设，大大提高了全省系统的技术服务保障能力。同时，以创建省局机关精神文明建设先进单位为载体，完善一大批服务型设施，受到广大干部职工交口称赞。三是坚持迎难而上，攻坚克难。把直面困难、破解难题、化解矛盾当作开创工作新局面的契机，贯穿于实际工作之中。采取强化管理、上下通力，节约挖潜等措施偿还1亿多元债务，下大力狠抓政风行风建设，强力推行干部人事制度改革，着力解决历史遗留问题，进一步理顺了关系，促进了稳定。四是坚持开拓进取，勇于创新。坚持用时代发展的要求审视自己，以改革创新的精神提高完善自己。坚持不断研究新情况，探索新途径，解决新问题，开创新局面。为有效应对国际社会在经济、科技等方面竞争日趋激烈的局面，促进河南经济社会又好又快发展，在广泛调查论证的基础上，审时度势，开展了实施质量兴省战略活动，得到了国家质检总局和河南省政府的充分肯定和大力支持，开创了河南省质量技术监督工作的新纪元。这些工作对于进一步贯彻落实科学发展观，促进"两大跨越"，改善民生，提高河南经济社会发展的国际竞争力，必将起到强大的助推作用。

三、要自觉强化纪律意识

加强党性修养，严守党的纪律，是对各级党员干部的基本要求。守纪律和讲党性密不可分，如果各级党员干部对党中央和上级党委的各项要求、规定和禁令置若罔闻，我行我素，有令不行，有禁不止，我们这个党就会软弱无力，一盘散沙，就难以有效地带领亿万人民实现中华民族的伟大复兴。因此，各级党员干部必须严格遵守党的各项纪律，尤其要遵守政治纪律，因为政治纪律是党的全部纪律的基础，要深刻认识到新形势下严明党的政治纪律的极端重要性。从大处说，就是要在思想上、行动上与党中央保持高度一致，确保党的路线、方针和政策不折不扣地贯彻落实。具体来说，就是要与上级党委和政府保持步调一致，认真执行上级的各项决策和部署，在执行的过程中如有问题可以通过正常渠道反映，但决不能阳奉阴违，口是心非，另搞一套。要自觉遵守组织纪律，在纪律面前人人平等，个人的意志和行动都必须无条件地做到个人服从组织，少数服从多数，下级服从上级，全党服从中央。无论在任何时候、任何情况下，都要永葆党员的政治本色，始终把自己置于党组织的管理之中，而不能游离于党组织之外，更不能凌驾于党组织之上。不少党员领导干部出问题犯错误甚至犯罪，与组织纪律观念淡漠有直接关系。各级党员领导干部手中都掌握有一定的权力，对人、钱、物有一定的掌控和支配权，一定要保持清醒头脑，要对纪律有敬畏之心，始终保持"如履薄冰、如临深渊"的谨慎态度。在认真遵守各项纪律和规章制度的同时，切实加强党性修养，把纪律要求转化为高度的自觉，进而内化为自身的道德要求，切实做到克己自律。要树立自觉接受监督的意识，逐步养成"在阳光下作业"的习惯，不要错误地认为上级的监督是对自己的不信任，同级的监督是跟自己过不去，群众的监督是有意找自己的"茬"。能不能自觉接受监督反映的是一名党员干部党性观念、胸怀气量和政治成熟程度，如果不能正确对待来自方方面面的监督，不能及时发现和修正自身的问题，捂着疮疤不让揭，讳疾忌医，最终就会在纪律和法律面前追悔莫及。

四、要自觉强化责任意识

讲党性必须重责任。领导就是责任，责任就是为官之本。各级党员领导干部在不同的工作岗位上掌握着一定的权力，同时也就比一般人负有更多更大的责任。可以这样说，在组织上交给你一把官椅的同时，也交给了你一副创业的担子。所以，一定要牢记自己的政治责任、社会责任和岗位责任。以事业为重，以岗位为重，敢于负责，勇于担当，始终保持"一日无为，三日不安"的责任意识和正确的政绩观，才能赢得群众的拥护和组织的信任，才能不辜负党和人民的重托。但在当前的形势下，并不是所有的领导干部都能尽职尽责，尽心尽力地干事创业。有的是只想当官不想干事，有的是只爱图形式不想求实效，有的是只想到条件好的单位而不愿到艰苦的地方去，有的是讲得动听干得稀松，有的是追求"短线效应"、不求长远发展，等等，迟滞了所在单位的建设和发展，给党的事业带来了不应有的损失。各级党员干部要以对党和人民高度负责的态度，自觉摒弃各种错误的思想和行为。讲党性首先要讲良心，是党组织一步一步地把我们培养和提拔到了各级领导岗位上，是人民群众给予了我们比较优厚的物质待遇，我们没有任何理由不好好地为党和人民工作，"尔禄尔俸，民脂民膏，上天易虞，下民难欺"。要上不愧党，下不愧民，以感恩之心、感激之情扎扎实实地尽职守责。要坚持求真务实，真抓实干，"不干，半点马克思主义都没有"。在本职工作岗位上不失职、不乱为，任劳任怨、无私奉献，以寝食不安的态度对待自己的一权一事，以夙夜为公的精神抓好分内的一职一责。要坚持突出重点，狠抓难点，着力解决敏感热点问题，着力解决事关全局的根本性问题。要不畏困难，敢于迎难而上，不怕问责，勇于负责。要坚持多到那些困难多、问题多、矛盾多、意见多的地方去，真切了解和准确把握群众"盼在何处""难为何事"。扎扎实实地解决实际问题，把尽职尽责体现在解难题、办实事、求实效、谋发展之中。

五、要自觉强化"控欲"意识

英国历史学家泰勒说："文明史就是人的欲望和人用来控制它的禁制之间长期斗争的历史。"有适度的欲望和追求是一个人发展进步的必要条件。但若私欲太强，将基本需求扩张为无限制的欲求，势必被贪欲撑破口袋。作为党员干部，要认识到欲望是荡舟的风帆，凭借风帆驾驶船只，可以行程千里而不停止，但是放纵风帆而收不住，一定会有翻船的灾难。权力路上山高路险，水阔波狂，要想取得"正果"，把持住自己的欲望，就应像孙悟空一样，能捉心中的"怪"，降身边的"魔"，伏路上的"虎"，擒水中的"龙"。现在的问题是，有些党员干部不能自觉地控制"私欲"，一天到晚想的都是如何升官发财，在一个地方"窝"没暖热，就在设想下一个目标；有的是"这山望着那山高"，官当大了还想大；有的是横攀竖比，总觉得自己比别人强，别人却比自己进步快，心理失衡，行为失常；有的是不惜丧失人格，跑官要官、

在遵义会议旧址参观

买官卖官，"钻窟窿打洞"拉关系、找靠山，认为只有官当得大，才算实现人生的最大价值，价值观严重扭曲了！实际上，政治上想进步快一点，发展顺一点，无可厚非。关键是"站立点"要准，"出发点"要正，"落脚点"要实。干部使用本身就是"宝塔型"的，不可能人人都上去，还是要保持一颗平常心。有理想不要有空想，有所求不要有乞求，有知足不要有满足，有愿望不要有奢望。要有那种"宠辱不惊，看庭前花开花

落；去留无意，望天上云卷云舒"的境界。拨开眼前的红尘，消弭心中的欲梦，树立正确的价值观，科学认识人生的真谛，始终保持正确的人生航向。要注意自我克制，"自我克制是人类品格的精髓"。自觉做到"四个多想想"：要多想想革命老前辈艰苦卓绝的斗争经历，不少英烈连名字都没留下，作为我们后来人还有什么想不通的呢？要多想想贫困地区人民群众的生活水平，和他们比比，我们衣食无忧，还有什么不知足的呢？要多想想党和人民给予自己的待遇，还有什么理由再去贪图那些不该属于自己的东西呢？要多想想那些贪官落马的沉痛教训，决不能"不见棺材不落泪"，不进牢狱不知道自由的美好。"贪欲如火，不遏则燎原；淫欲如水，不遏则滔天！"切实做到慎独、慎微、慎言、慎行，使自己永远立于不败之地，永远无愧于共产党员的光荣称号。

2009 年 10 月在延安干部学院学习时的总结发言

敬畏斑马线

机动车与行人同时过马路，究竟应该谁让谁？看似简单的一件事，往往会体现出一座城市乃至一个国家的文明程度。

1991年我到美国考察，那也是我第一次踏上美国国土。一天早上我外出散步，在旧金山街头过马路时见右边一辆车开来，就停在路边等候，这时司机也把车停了下来，我不知何故，仍然不敢贸然过路。司机见我不动，就把头伸出窗外，频频向我摆手示意让我先过。待我走到马路对面，这辆车才徐徐开走。后来出国次数多了，才发现在发达国家"车让人"是司空见惯的事情。

近日看报，得知我省将实行民警执勤、现场取证与处罚相结合的多元手段，整治机动车不在斑马线上礼让行人的行为。这也是城市文明的一种进步。

古罗马时期的过街跳石是斑马线的雏形。20世纪初，随着交通事故不断增多，人们在审视交通安全的同时，提出要设置人行横道。20世纪30年代，斑马线的雏形出现在英国街头，真正变成斑马线形态的人行横道线是在1949年。交通工程师查尔斯沃斯领导的团队，设计出了蓝色和黄色组成的人行横道线并在英国一千多个地方试用。其间为了让人行横道线更加显眼，颜色从蓝黄相间变为黑（道路）白两色，最终形成了今天人们熟悉的斑马线。

进入现代，斑马线在驾驶员和行人心中都是有警示意义的。对行人来说，就是绿灯亮时小心过马路；对驾驶员来说，就是减速、慢行或者停车礼让行人。然而，现实生活中，机动车在斑马线前横冲直撞的现象屡见不鲜。据公安部交管局统计，近3年来全国在斑马线上发生交通事故1.4万起，造成3898人死亡，其中机动车未按规定避让行人导致的事故占九成。

我国道路交通安全法明确规定：机动车行经人行横道时应当减速行驶；遇行人正在通过人行横道，应当停车让行。违反规定的处以警告或者20元以上、200元以下的罚款。然而礼让斑马线的法律法规并没有内化为多数驾驶员内心的习惯意识，不少驾驶员缺乏对斑马线的敬畏，不管有人没人都飞驰而过，甚至还抱怨行人走得太慢，导致悲剧一次又一次发生。

最近北京驾考新增机动车礼让行人的内容，把过人行横道不停车让行、不主动避让行人等行为直接判为不合格，体现了源头治理的思维。相信今后礼让行人会成为各地驾考的"标配"。

斑马线不只是一条刷白的通道，更是一道生命安全的屏障，它还代表着一种规则，站在斑马线前体现的是个人的文明素质。

在依法治国的今天，要真正让斑马线成为高压线，根本的还是要不断提升全体人民特别是驾驶员的安全文明意识和法治素养。为了大家的安全，请敬畏斑马线。敬畏斑马线就是敬畏法律，就是珍爱生命。司机朋友们要自觉行动起来，真正做到对斑马线对交通规则保持敬畏，使文明行车、礼让行人成为一种自觉，把"宁停三分，不抢一秒"的理念落到实处。

2017 年 11 月 21 日《平顶山日报》

要清楚保健品不是药品

近年来，老年人购买保健品被骗的事件屡屡曝光。如何破解保健品骗局，我认为需要全社会的共同努力。相关部门要联合执法，形成整治合力，严厉打击保健品欺诈、虚假宣传等违法行为，营造良好有序的市场环境。

此外，老年朋友一定要学习科学知识，提高鉴别能力，必须清楚保健品不是药品，二者有很大的区别。首先，保健品是食品，具有一般食品的共性，能调节人体的某项机能，但不能治疗疾病。而药品是药，是治疗疾病的物质。其次，两者的国家审核程序不同，使用的批准文号不同。药品使用的是国药准字号，保健品使用的是国食健字号，两者要求相差甚远。

老年人渴望有个健康的身体，注重保健无可厚非，但千万不要把希望全部寄托在保健品上。从科学角度讲，营养均衡的饮食、有规律的生活习惯、适时适量的运动，这些都是我们轻而易举就能做到的，而且不需要投入太大的金钱成本。尤其是保持开朗的性格和平和的心态，这才是健康的根本保证，是任何保健品都不能替代的。

特别提醒，天上不会掉馅饼，不要轻信广告宣传，不要贪图小便宜。

2017 年 12 月 2 日《平顶山日报》

调查研究

大力发展木本粮油是粮食安全的新出路
——关于木本粮油发展情况的调查与思考

　　长期以来，河南省委、省政府高度重视"三农"工作，粮食产量屡创新高，实现了"九连增"。2012 年全省粮食总产量达 1127.72 亿斤，占全国粮食总产量的 1/10，为国家粮食安全做出了重要贡献。河南人多地少，稳固粮食生产基础、推进工业化城镇化均要占地，农与非农之间的土地矛盾在一定时期内将持续存在，如何在这一省情基本条件下，在中原经济区建设中真正做到不以牺牲农业和粮食、生态和环境为代价，并继续担当起中央赋予的粮食安全重任，是建设中原经济区必须面对的关键问题之一。根据我们 2012 年对济源、南阳、信阳、安阳和三门峡等市关于粮食安全专题调研的情况，认为在着力提高粮食产量的基础上，大力发展木本粮油，进一步提高农业综合生产能力，是解决这一关键问题、为国家粮食安全做出更大贡献的新的战略性选择。

一、发展木本粮油是粮食安全的新出路

　　耕地减少、人口增加、需求扩大，在相当长时期内具有不可逆转性。若粮油大量依赖进口，将受制于人。面对日益严峻的国际粮食安全形势和国内粮食增产的压力及土地供求矛盾，把大力发展木本粮油作为河南

省确保国家粮食安全的重要抉择，将开辟实现粮食安全的新出路。

（一）大力发展木本粮油，基础条件较好。一是林地面积大。生长于林地的许多淀粉类、油料类经济林果实，是很好的粮食油料资源，可供开发利用。河南省林业用地 7500 多万亩，为耕地面积的 3/4，多分布在生态条件脆弱区，可以开垦成耕地的比例小，但是大部分可以栽植木本粮油。如果用全省四分之一的林地发展木本粮油，即使按照目前粗放的生产经营水平，主要木本粮油年产量可达 52 亿斤。二是适宜栽植木本粮油的沙地有潜力可挖。全省有沙化土地面积 943.5 万亩，大部分可用来发展木本粮油，年生产能力可达 26 亿斤。地处黄河故道区的内黄县，在沙地上搞枣粮间作，面积 46 万亩，大枣年产量 12 万吨，既改善了农业生产条件，又培育了大枣产业，还增加了农民收入。三是具有大规模发展木本粮油的气候条件。河南省属北亚热带与暖温带过渡区气候，四季分明，雨热同季，气温、降雨等适宜木本粮油生产。全省主要木本粮油树种有板栗、枣树、柿树、核桃、油茶、银杏、黄连木、文冠果等，在这样的气候条件下均生长良好，增产增收的潜力非常大，像大枣、板栗等种植面积和产量均处于全国前列。若举措得宜，成功经验可推广到全国。我国有 46 亿亩林地，还有 8 亿亩可治理利用的沙地，二者合计是全国耕地总面积的近 3 倍，潜力很大。

（二）大力发展木本粮油，技术上可行。一是林地的总生物量比耕地高。专家研究表明，从林地、耕地、沼泽湿地、水域的净初级生产力和总生物量看，林地要远高于耕地，沼泽地、水域与耕地相比不相上下。二是木本粮油品种生命力强。木本粮油品种大多耐瘠薄、抗旱涝，地埂、路边、河边、沟边、荒坡、丘陵等地方均可生长、结果。更为关键的是这类木本品种可以上山下滩，不与粮棉争地。新郑、内黄等地在沙区进行枣粮间作，镇平广洋大枣生长在地埂上，均不占用耕地，不仅充分利用了土地资源，改善了生态环境，而且保障了粮食生产，增加了农民收入。调研中，信阳的农户说："油茶树耐瘠薄、耐干旱、不生病，连牛羊也不啃，太好了。"三是有从事木本粮油研究、技术推广服务的专业队伍。省、市、县有完整的林业科技推广机构和专业的服务队伍。新郑市枣树科学研究所成立于1975年，是全国成立最早专门从事枣树栽培、病虫防治、大枣加工等技术的研究开发与推广的县（市）级科研单位，在我国枣树科研领域有着举足轻重的地位。

（三）大力发展木本粮油，市场前景广阔。木本粮油以枣、板栗、核桃、油茶等为代表，草本粮油以小麦、玉米、水稻、芝麻为代表。草本粮油主要是解决温饱，木本粮油在解决温饱的同时侧重营养健康。枣有润心肺、止咳、补五脏、治虚损的功效；核桃中的欧咪伽-3脂肪酸含量相当可观，能"补肾通脑，有益智慧"；柿子含有大量维生素、碘和有机酸，对肠胃消化、软化血管、消炎、排泄酒精等作用大；我国特有的茶油具有优质食用油的全部功能特性，脂肪酸结构与橄榄油极其相似，且含有橄榄油所没有的特定生理活性物质，如山茶甙、山茶皂和茶多酚等，其中山茶甙有强心及预防肿瘤作用，因而茶油被称为"长寿油"。这些木本粮油食品，已逐渐成为人们改善膳食结构，应对"三高"疾病的新宠，经济开发潜力巨大。联合国粮农组织（FAO）已将茶油作为重点推广的健康型高级食用油。红枣之乡新郑市大力推广了"树下粮仓、树上银行"的优质高效模式，龙头企业 "好想你"枣业集团，2011年5月登陆深圳证券交易所，成为中国上市"第一枣"，充分证明了木本粮油巨大的消费需求和良好的预期效益。

（四）大力发展木本粮油，群众基础牢固。一是农民群众有种植木本粮油植物的习惯和经验。作为传统的农业大国，我国在几千年的种植业发展历史中，在粮食作物、经济作物和林果业等方面，都形成了长期的种植习惯和成熟的种植经验。如被誉为"百果王"的大枣，为中国所特有，我国集中了全世界近99%的枣树和产量。镇平县广洋大枣是一个极其优良的乡土枣树品种。据县志记载，"西汉已有栽培，至明清时，已有枣庄多处"，"郁郁枣林山连山，方圆百里不见天"，产品远销江浙和东南亚一带。20世纪五六十年代，被群众称为"铁杆庄稼"的大枣、板栗、柿、核桃等，在全国范围内为补充当时粮食不足起到了重要作用。镇平县至今仍流传着"一亩园十亩田"的说法，很多高龄老人回忆说："枣是半年粮，不怕闹饥荒。"1972年，镇平县被河南省定为广洋大枣生产基地县，1983年广洋大枣被收入《中国名产录》，在20世纪80年代初在全国干枣评比中获得过金奖。二是农民群众有种植木本粮油的积极性。尝到大枣甜头的新郑市，一些农民远赴新疆承包土地种植大枣。济源市呈现出核桃发展的大好局面，其坡头镇双堂村是仅有1280人的丘陵村，2003年抓住退耕还林政策机遇，种植核桃800亩，后不断扩大，现已发展到2000余亩9万余株，亩均收5000余元。信阳市发展油茶呈现出家庭经营、大户承包、专业合作社与公司齐上阵的良好态势，仅新县一县的油茶面积就突破20万亩，年产量突破800万千克。

二、河南省木本粮油发展初见成效

随着对木本粮油需求量的大幅度增加，一些地方已经开始重视木本粮油生产。尤其是在2008年实施林业生态省建设规划之后，河南省木本粮油得到了较快发展。

（一）面积逐步扩大。河南不少地方结合林业生态工程建设，因地制宜发展木本粮油，面积增加到612万亩，占全省林地总面积的8.12%。三门峡市木本粮油总面积达185万亩，产值约16.68亿元。南阳市木本粮油总面积110万亩，产值约8.6亿元。信阳市及其所属县制定油茶发展规划和实施办法，促进了油茶较快发展，油茶发展到45万亩；板栗总面积保有量159.78万亩。2006年以来，济源市针对山区丘陵面积占80%的实际，坚持以市场为导向，以调整结构为重点，财政投入资金

5800 多万元，积极推进核桃产业发展，总面积达 12 万余亩。2010 年，登封市委、市政府出台了《关于加快推进核桃产业发展的意见》，目前全市核桃种植面积达到 13 万亩，其中万亩乡镇 7 个，千亩专业村 27 个。

（二）产量和效益较好。统计资料显示，河南省木本粮油总产量达到 84.21 万吨，其中木本粮食 68.93 万吨，木本油料 15.28 万吨，年总产值 62.6 亿元。2012 年，济源市核桃干果总产量 2900 吨，产值 1.05 亿元；克井镇水运村农民刘福安在丘陵地种植核桃 1000 余亩，每亩 30 余棵，亩产 300 多斤、收入 5000 余元。新县深山区的固河乡毛埔村有 2100 多人，人均 6 亩油茶地，亩均产油 50 斤、收益 1500 余元。内黄县沙区以农枣间作为主，不但防风固沙、调节气候，改善了生态环境，还促进了农业稳产高产，群众形象地称这种模式为：上有摇钱树（枣树），下有聚宝盆（花生），中间夹着粮食囤（小麦）；近几年，枣椒套种面积也迅速扩大，形成了"双红一白"（红枣、尖椒和小麦）新的种植模式，亩均效益在 3500 元以上。在内黄县红枣主产区，农民来自红枣收入达 2400 元，占其总收入的 60% 以上。三门峡市木本粮油果实除直接销售外，还对部分进行了加工，主要以核桃仁、核桃油、核桃粉、核桃酒、核桃露等为主，目前全市有核桃加工企业 10 家，如三门峡华阳食品有限公司，每年生产核桃仁 2400 吨，主要出口欧盟，取得了较好的经济效益。

（三）优良新品种推广较快。一是一些新品种具有结果早等优良特性，在不少地方得到了较快推广。二是通过实施低产低质老品种改良、高接换种等措施，提高了木本粮油的品质及市场竞争力。信阳市改良老板栗树，嫁接豫罗红油栗、山东红光等优良品种，每斤由 3～4 元提高到 6～7 元；引进并培育嫁接江西"长林"系列、"湘宁 1 号"、"茶宁16"等油茶优良品种，每亩产油由 30 余斤提高到 50 余斤。济源新发展的清香、绿波、香玲等优质薄皮核桃，每斤售价由 12 元提高到 20 元。

三、存在的主要问题

（一）栽培管理粗放，病虫害严重。整体上看，河南省木本粮油生产还处于广种薄收阶段。一些地方人种天养，自生自灭；一些地方重栽轻管，产量低。油茶每亩产油可达75千克，河南省示范园每亩产油25千克上下；信阳市板栗平均亩产仅50千克，不足丰产水平的三分之一。病虫害严重也是长期得不到解决的老大难问题。近几年"枣疯病"在全省蔓延，导致农户对发展大枣望而却步。十年前，面对广洋大枣消亡的危险，枣树专家曾呼吁抢救和保护，但由于重视不够，管护和技术服务不到位，对病虫害缺乏行之有效的防治，致使数百年的大枣树大面积死亡，挫伤了枣农积极性。

（二）名特优粮油树种保护繁育不力，品种混杂。河南省曾是名特优粮油树种的故乡，由于保护不力，良种化程度比较低，老、密、残、次林比例较大。信阳优质油栗所占比例仅20%左右，由于品质差，每市斤售价2至3元，而河北迁西板栗每市斤售价6至10元。

（三）科技支撑保障能力薄弱，技术棚架。由于木本粮油科研工作薄弱，优质丰产等综合配套技术研发滞后；乡镇农业综合服务中心林业科技人员少，技术装备差，而林地多处于偏远山区、丘陵，致使实用技术少、推广不顺畅甚至棚架，林农得不到及时有效的服务和帮助。

（四）扶持力度不够，动力不足。总体上讲，木本粮油生产周期较长，前期投入较大；缺乏挖坑、驱鸟等器械，作业难度大，影响生产积极性。一些地方出现了柿子、板栗、红果任由鸟食或采摘的现象。客观上发展木本粮油需要较多扶持，而实际上却是缺乏灌溉条件、没有种植补贴、没有最低价格收购，产业投资标准低、覆盖范围小，科研投资也非常少。

（五）产业化程度不高，生产分散。木本粮油加工贮藏能力低、产销衔接不顺畅等，造成增产不增收。罗山板栗易生虫，保存时间短，没有相应规模的加工企业，小作坊贮藏加工能力不足 20%，近几年每年种植面积减少 3000 多亩。

四、进一步推动木本粮油发展的几点建议

党的十八大报告指出："要增强农业综合生产能力、确保国家粮食安全和重要农产品有效供给。"河南省木本粮油开发历史悠久，种源丰富，潜力巨大，前景广阔。发展木本粮油，不仅能减轻粮油安全对耕地的依赖程度，而且可以推动实现不以牺牲农业和粮食、生态和环境为代价的中原经济区建设承诺，还可以提高粮油综合生产力、生态环境承载能力和农村经济持续发展能力，对于全面提高人民生活水平、建设资源节约型环境友好型社会，具有重大意义。为此，建议着力抓好以下工作：

（一）提高思想认识，落实木本粮油发展责任。各级政府及相关部门应充分认识发展木本粮油在转变农业发展方式、保障粮油安全中的重大意义，切实把发展木本粮油作为推进中原经济区"粮食生产和现代农业基地"建设的重要内容，作为事关大局、事关长远的一件民生大事、要事来抓。切实加强组织领导，逐级落实责任，增强工作推进合力。以大力发展木本粮油的新途径、新成效，为河南省粮食生产和国家粮食安全做出更大的贡献。

（二）科学制定规划，构建木本粮油产业发展格局。河南省人民政府应根据国务院批复的

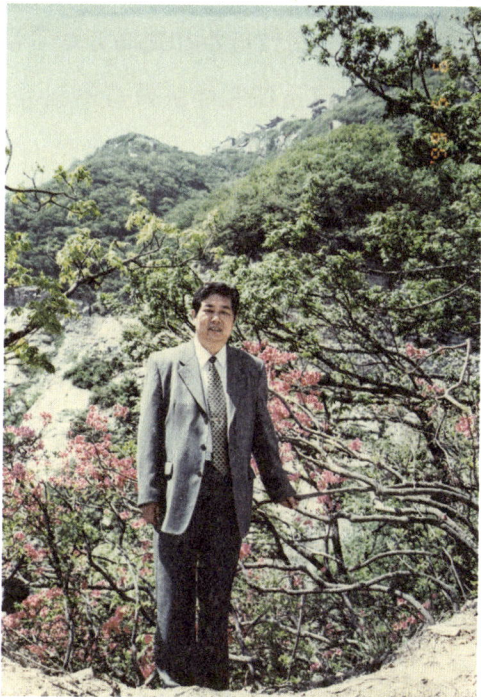

山花烂漫

《中原经济区规划》，在全省范围内开展木本粮油资源普查的基础上，抓紧制定木本油料产业发展专项规划，并与主体功能区规划、土地利用规划相衔接。要遵循木本粮油生产规律，合理确定发展目标、区域布局、政策措施，统筹安排木本粮食、木本油料的规模和布局。科学利用土地资源，加快建设中原区域特色突出的木本粮油生产基地。像太行山区、伏牛山区应重点发展核桃、柿子、黄连木等；大别山区和桐柏山区应把壮大油茶、板栗产业基地作为主要任务；沙区、丘陵应把大枣基地作为建设重点。当前，要选择适宜、兼用的木本粮油树种，尽快研究部署对部分低质低效退耕还林地、高速公路等道路两旁行道树和城市绿化树的更新改造。

（三）强化科技支撑，增强木本粮油生产保障能力。各级政府要根据中央农村工作会议明确的"增强农产品供给保障能力，靠继续消耗农业水土资源已基本没有余地，靠继续增加化肥、农药使用也难以为继，必须尽快转到依靠科技进步和提高劳动者素质上来"的要求，针对全省木本粮油单位面积产量低和经济效益不高等问题，依托河南农业大学，省林科院，市林科所及省、市、县林技站（中心）等单位，加强木本粮油优良品种选育、实用技术研发、推广和普及。围绕科技"最后一千米"，改革创新，提高林业科技人员科研攻关的积极性，增强技术服务的针对性，并集中技术力量和经费，解决新品种培育、管理、病虫害防治等技术难题。

（四）搞好贮藏加工，提高木本粮油产业化程度。组织化产业化程度对于衔接木本粮油小生产与大市场、实现标准化生产和质量安全、做优做强特色产业等具有重要作用。首先，提高木本粮油生产组织化程度。针对木本粮油生产较分散的现状，应引导建立形式多样的专业合作、股份合作及行业协会，发展规模经营，推广"龙头企业＋合作组织＋基地＋农户"等生产经营模式，加强市场预测分析，适时为农户提供生产、销售信息，规避市场风险。其次，加强木本粮油龙头企业培育。要开放招商，内引外联，寻求合作伙伴，提高综合加工能力，延长产业链，提高就地精深加工能力，着力培育新郑大枣，信阳油茶、板栗，三门峡、济源、登封核桃等优良木本粮油产业集群，增加当地财政收入和农户收入。

（五）构建长效机制，共享粮食生产扶持政策。一是建立稳定的投入增长机制。木本粮油生产周期长，需要完善政策措施，加大财政投入，重点地区应研究设立专项发展资金，同时增加信贷支持。发挥政府职能作用，按照"统筹规划、相对集中、用途不变、渠道不乱、各负其责、各计其功"的原则，把涉农资金整合一部分，用于木本粮油基地建设。木本粮油生产也应享受粮食生产良种、农机具等补贴。二是完善服务体系和基础设施。加强有害生物防控、科技推广、质量监测等基础设施建设，提高服务能力。三是充分发挥农民的主体作用。通过"以奖代补""多筹多补""多干多补"等政策激励措施，调动农民生产木本粮油的积极性。及时总结宣传好榜样、好经验，让农民学有典型，干有方向。善于引导农民算经济账、生态账、社会效益账，不仅送民以"鱼"，更要授民以"渔"，让农民群众得到实实在在的收益。

发展木本粮油是贯彻落实党的十八大关于着力推进绿色发展、增强生态产品生产能力的重要途径，是兴林富民增粮油、维护国家粮油安全的战略选择，是优化食物结构、切实改善民生的迫切要求。我们应转变观念，树立大粮油思维，尽早研究制定木本粮油发展战略。河南省若能发挥优势，合理规划，完善措施，集约化、标准化和产业化地率先实施木本粮油发展战略，完全有可能形成新型粮油主产区，将对全国的粮油安全和经济社会发展产生重大而深远的影响。

全国人大《农业与农村工作》2013年第七期

多层次推进农业循环经济

循环经济本质上是一种生态经济。它模拟自然生态系统的运行方式，遵循其运行规律，实现特定资源的可持续利用和总体资源的永续利用，促进经济活动的生态化。它要求把经济活动组织成一个"资源—产品—再生资源"的反馈式流程，其特征是低开采、高利用、低排放，把经济活动对自然环境的负面影响降低到尽可能小的程度。循环经济为可持续发展提供了运作途径，从而有可能从根本上化解经济发展与资源、环境之间的矛盾。长期以来，河南省周口市农业经济走的是一条传统的粗放型增长道路，人口、资源、环境的压力越来越大。近几年，周口市因地制宜，利用现代科学技术，发挥农业资源优势，依据经济发展水平及"整体、协调、循环、再生"的原则，运用系统工程方法，全面规划，综合治理，强化农业的生态功能，实现了农业优质、高产、高效，初步达到了生态与经济两个系统的良性循环和经济、生态、社会三大效益的统一，使农业发展、农村经济增长与资源和环境保护协调同步。概括起来，周口市在农业方面发展循环经济共有四个层次。

政府主导大循环。政府采取有效措施，努力促进各产业部门之间形成相互依存、相互制约的关系。各系统之间通过产品、中间产品和废弃物的交换与利用而互相衔接，形成一个比较完整的生态产业网络，使资源得到最佳配置、废弃物得到有效利用、环境污染减少到最低水平。目前，周口市围绕种植业、养殖业和农副产品加工业的生态化，构建了小麦、油料、畜产品、棉花、蔬菜果品、板材和药材等六大生态产业链条。这六大链条中的每个链条又各自形成了资源循环，如郸城县的财鑫液糖厂以玉米做原料，除了生产液糖，每吨玉米还可产出680千克淀粉、90千克玉米皮、65千克蛋白粉、50千克玉米浆、26千克玉米油。从玉米油中，又可提炼出玉米色拉油。此外，还可以利用各种产品的下脚料生产出皮芽饼，作为饲料和肥料。这样，玉米的有效利用率高达95%。

在周口工作时留影

企业构建自身小循环。企业从清洁生产、绿色管理和零消耗、零污染抓起，实施物料闭路循环和能量多级利用，使一种产品产生的废弃物成为另一种产品的原料，并根据不同的对象建立水循环、原材料多层次利用和循环使用、节能和能源重复利用、"三废"控制与综合利用等良性循环系统。比如，莲花集团的产品和产业链条是：小麦经工业面粉厂加工成工业面粉，进入谷元粉厂分离出谷元粉并推向市场，生产的小麦淀粉经制糖、发酵，精制生产出味精、氨基酸等产品。小麦初加工过程中产生的麸皮，味精生产过程中产生的糖渣等，经饲料公司加工，成为动物饲料。味精生产中发酵工段产生的高浓度有机废水，经浓缩、喷浆造粒和喷雾干燥等工艺，生产出优质的有机、无机复合肥，回到大田。莲花集团与周围地区的农业形成了一个经济效益和生态环保效益均衡发展的统一体，并带动近2万人就业，产生了良好的社会效益。

建立乡村循环经济模式。农作物秸秆喂牲畜——牲畜粪便变成沼气——沼气液还田施肥；猪粪高温发酵后的肥水养鱼——养过鱼的水浇灌农作物——农作物的秸秆再用来饲养牲畜……这种反复循环、对资源再利用的循环经济模式，在周口市已得到了较为广泛的推广。特别是沼气，它是利用作物秸秆资源的有效途任，其热能利用率比秸秆直接燃烧高3～4倍，沼肥肥效比秸秆直接还田提高1～1.5倍。秸秆燃气技术还可以减少秸秆焚烧造成的大气污染，节约天然气、煤炭等不可再生能源，改善农民生活质量，减轻劳动强度，改善农村卫生条件。目前，周口市已建沼气池4000个，计划今年再建2400个。

建立"家庭绿岛"式的微循环。在农村应建立和推广生态型家庭经济。例如，以生物食物链为平台，构建以"种、养、加"和沼气为链条的微型循环经济，解决厕所卫生、畜圈卫生、秸秆气化、排除污染、庭院绿化以及利用太阳能、风能等一系列问题。项城市城郊乡的豫东养殖有限公司实行立体养殖，逐渐摸索出建设"猪—沼—楼"三位一体的生态家园模式，形成"养猪不垫圈、照明不用电、做饭不需柴和炭、种菜不花化肥钱、绿色产品无污染"的生产格局，实现了生物质能的循环利用。从大量成功的经验看，大力发展沼气是一个中心环节，它的前端可以促进农业向畜牧业转化，它的后端能够促进农村能源结构的改变，并且增加高效有机肥。这本身又构成一个小型的产业链条，既清洁又增收。

2005 年 11 月 16 日《人民日报》

南阳市坚持农村党员活动日制度的调查

建立"农村党员活动日"制度，是河南省南阳市各级党组织从实际出发，在新形势下加强对农村党员队伍教育管理、提高党员队伍素质的有益探索。

随着市场经济的发展，农村党员队伍中出现了不少新情况、新问题。一些后进党支部存在着党员思想上乱、队伍上散、作用上弱、形象上差的问题。在整顿后进村支部中，市委认为，要解决这些问题，必须创新机制，选准载体。市委在组织专题调研、寻计问策的过程中发现，唐河县以村党支部为单位，统一把每月 20 日作为党员固定的活动日，组织党员和入党积极分子集中开展活动的做法很好。主要是活动时间落实，活动场所固定，活动内容丰富，活动方式多样，考评办法明晰。这一活动支部便于组织，党员乐于参加。市委抓住这一典型，及时帮助指导，总结提高，在试点的基础上，于 1996 年在全市普遍展开。2000 年初，市委进一步对一些好的做法和经验进行了总结，对活动的内容和形式进行了规范，要求全市所有农村基层党组织每月固定一天时间搞"党员活动日"，并作为一项制度长期坚持下去。目前，全市 13 个县市区的 4677 个农村党支部普遍实行了这一制度，比较规范的达 85%以上。

我市"农村党员活动日"制度，之所以能够长期坚持、运作规范，关键在于全市各级党组织认真抓了以下几个方面的工作：

一、从农民党员的实际出发，确定活动内容和形式。"农村党员活动日"的内容主要是 "五学、四议、三帮"，即学政治理论、学党建知识、学农村政策、学法律法规、学实用技术；议党建、议村务、议发展、议致富；帮支部、帮党员、帮贫困户。形式由每次"活动日"的内容来决定。如集中学习，座谈讨论，组织党员到先进地区参观考察，结合农时请专业技术人员到田间地头示范辅导农业技术，或组织党员参加义务劳动等。活动主要体现了"五个结合"：一是与党员的思想实际结合，重点解决一些党员理想信念动摇、政策意识淡漠、党性不强的问题。二是与提高党员的帮带能力结合，重点加强党员的实用技术培训，使广大党员在发挥先锋模范作用方面既有热情又有能力。三是与党员参政议事结合，让党员利用"活动日"审议村里的财务管理、农民负担、计划生育等热点、难点问题，提高村里重大决策的民主程度。四是与增强党员的宗旨观念结合，组织党员开展义务劳动、帮贫扶困活动等，使党员的价值在为群众办实事中得到体现。五是与完善党员管理结合，利用"活动日"对支部的工作和党员的思想行为开展评议，讨论确定入党积极分子、新党员入党和转正等事项。

二、从健全责任体系入手，层层形成合力共同推动。落实县市区委抓总的责任。各县市区党员领导每人都建立了一个联系点，经常深入下去参与活动，指导工作。形成了常委集体抓，书记带头抓，人大、政府、政协党员领导干部共同抓的工作格局。落实乡镇党委的直接责任。各乡镇党委确定了每月开展一次的"党建工作日"活动，把"党员活动日"的内容及活动形式提前在乡镇党委的"党建工作日"上进行研究和部署。落实村支部的具体责任。市委注意把落实责任的重心放在村一级，市、县两级坚持每月对村支部坚持"党员活动日"制度的情况进行一次抽查，乡镇则每月对村进行一次普查。落实农村党员的参与责任。市委对党员参

2000 年在西峡农村调研

加活动日作出了明确规定，对外出务工的党员也根据不同的情况提出了要求。在落实以上四个层次的责任的同时，市委还通过领导亲自督查、职能部门联村督查、乡镇干部包村督查等形式，加强对"党员活动日"工作的督促检查，及时发现和解决存在的问题。1999 年以来，市、县两级共组织抽查人员 4500 多人次，抽查 3600 多个村，有效地促进了全市"农村党员活动日"工作的平衡发展。

三、从基础工作抓起，为开展活动创造有利条件。抓阵地建设。1999 年全市有 102 个农村党支部没有房舍，党员学习活动"晴天蹲阴凉，雨天借民房"。2000 年上半年，县乡村层层签订责任状，下决心实现村支部有房子、有牌子、有旗子、有桌子的"四有"目标。目前，全市 4000 多个村支部基本都达到了"四有"标准，不少支部还建立了专门的党员活动室，购置了必要的用具和资料，订了报刊，有的还添置了电化

2000年在内乡农村调研

教育设备和文体设备。抓辅导员队伍建设。全市各个乡镇都配备了3～5人的"党员活动日"专职辅导员，乡镇班子成员和包村干部人人兼任辅导员，村支部也都在本村选定或聘任了1～2名有理论功底、懂技术的人员任辅导员。县市区委组织部设辅导员培训总站，每年对辅导员轮训一遍，乡镇党委每季度对村级辅导员培训一次，每两年进行一次资格评审，奖优汰劣。目前，全市已有"党员活动日"辅导员4900多人。抓教材建设。市委组织部分别于1999年"七一"前夕和2000年11月份两次召开农村党员教育培训工作研讨会，把编写"农村党员活动日"学习教材作为专题进行研讨，并展示交流了各县的自编教材，使各县市区对学习教材编写的重视程度和工作水平有了明显的提高。据统计，各县、乡自编书本和活页教材有8大类110多个分类，共87万多册。

"农村党员活动日"的实践证明，它是一项新形势下加强农村党建工作的成功探索，作用十分明显。一是增强了农村党员的宗旨观念。党员通过在"活动日"里学《党章》、学《准则》、学理论，思想政治素质普遍得到了提高，进一步增强了全心全意为人民服务的宗旨意识。广大党员积极为群众办实事、做好事，自觉实践党的宗旨，重塑了党员形象。如邓州市农村党员近两年来共义务修路 140 千米，义务植树 45000 棵，向烈军属和孤寡老人开展送温暖活动 2 万多人次，帮助 6000 多个缺劳力的困难户及时抢收抢种，为公益事业捐款达 150 多万元。二是提高了农村党员的"双带"能力。目前，全市已有 12.2 万名农民党员掌握了 1～2 项实用技术，占农民党员总数的 76.2%；有 21.3% 的农民党员成为所在乡村的专业大户；具有帮带能力的党员共帮带了 14 万贫困户。三是提高了农村党组织的凝聚力和战斗力。全市每年新吸收优秀青年农民入党人数均在 6000 名以上，青年农民入党积极分子队伍保持在 3 万名左右。1999 年全市有 2286 个农村党支部被评为"五好"支部；二类支部由 2057 个减为 1673 个；三类支部由 246 个减为 136 个。四是密切了党群、干群关系，促进了农村的改革、发展和稳定。在每月一次的"农村党员活动日"中，村党支部把上级重要方针政策首先向党员通报，村里重大事务让党员参与决策，财务等向党员公开，从而拓宽了支部与党员、干部与群众沟通的渠道，及时化解了农村工作中的一些矛盾和问题，促进了农村的发展和稳定。

中组部《党建研究》2002 年第一期

后记

集子中的文章，是我多年来学习及工作中的心得和体会，拙作汇集成册，既是向长期关心我、支持我的老领导、老朋友们的汇报，也算是对自己学习成果的一个总结。希望能借此机会向关心我的领导和朋友们请教。

退休以后回到原籍休息这几年，应酬减少，身心闲暇，网络畅游，阅新闻，搜历史，品诗文，联朋友，迷乱中觅得一方心灵净土。我还学会了开车，考了个驾照。还坚持打乒乓球、打太极拳、游泳等，身体也锻炼得很好。因为在家乡生活休息，有更多的时间和机会陪伴老人、会见老友。过去在外地工作期间，母亲卧病多年直到去世我也没能好好地照顾她老人家，现在想起来还很内疚。现在好了，可以经常陪伴在年迈的父亲身边，以尽孝心。至于会老友，因工作过的地方多，朋友自然也多。我的朋友中有农民，有工人，有企业家，更不乏各级领导干部。和大家谈起过去在一起学习工作的岁月，有不少感慨和美好的回忆。大家的共同感受是我们赶上了一个伟大的时代，才有今天幸福的晚年。像我这个年龄段的人，生在新中国，长在红旗下，目睹和经历了大跃进、人民公社、"文化大革命"，下过乡种过地，广阔天地经受过锻炼，又是改革开放和现代化建设事业的亲历者和见证者，既有奋斗的艰辛，又有成功的喜悦，有责任把自己的一些经历和感受用笔记录下来，从某些侧面反映社会前进的步伐。回忆自己几十年所走过的路，一个农民的儿子，从一个大队的党支部书记，一步步到公社，到区里、县里，还曾主政过上千万人的大市，后来又到省城工作。每走一步都离不开组织的培养和领导的关心，离不开同志们的支持，也离不开朋友们的帮助和爱护。心中常怀感恩之心、感激之情。鉴于此，我把这些年来，主要是走上领导岗位以后在报纸、杂志，也包括一些内部刊物上发表过的部分文章，还有几篇获过奖的调研报告整理出来汇成一本集子。集子中有一部分是我退休之后写的一些散文，有对亲人的怀念，往事的回忆，还有一些游记杂文，都是自己的亲历和感悟。

由于才疏学浅，文字功底不够深厚，呈现给大家的文章可能比较粗糙，有些观点和看法也许还有偏颇之处，敬请读者朋友们批评指正。

在本书文稿搜集整理过程中得到了张振营、胡炎等同志的大力帮助，二月河老师、戴鹏同志亲自作序，在此表示衷心的感谢。

心路

234

高德领

2018 年 3 月